जीने के रहस्य 18 चैप्टर्स

एस. पी. भारिल्ल

Invincible Publishers

First published in India in 2019

ISBN : 978-93-88333-53-5

Invincible Publishers

201, SAS Tower, Sector 38, Gurgaon-122003

Registered Address: Opposite Kasturba Ashram,
Radaur, Haryana–135133

Printed at Thomson Press (India) LTD

समर्पण

आपको

अपनों से अपनी बात...

'18 चैप्टर्स' में 19 चैप्टर्स हैं, पर आपको 18वाँ चैप्टर पढ़ने के बाद ही 19वाँ चैप्टर पढ़ना हैं। मैं जानता हूँ आप अपनी उत्सुकता को रोक नहीं पायेंगे और उसे अभी देखेंगे। फिर भी मेरा आपसे आग्रह है उसे पहले न पढ़े, 18वें चैप्टर के बाद ही पढ़े।

19वें चैप्टर के बाद यदि आपको लगे कि '18 चैप्टर्स' आपकी जिन्दगी के किसी कोने को छूते हुये निकल गयी है तो sp@spbharill.com पर लिखें। जिससे न जाने आप कितने अनजान लोगों की खुशहाली का कारण बन सकेंगे और आप और हम मिलकर इस मिशन को पूरा कर सकेंगे।

मेरे अभिन्न मित्रों की चाहत व मेरी पत्नी संध्या, बच्चे सर्वज्ञ और सर्वदर्शी की सतत् प्रेरणा ही नहीं बल्कि इस काम को करने के लिये लगातार प्रेशर भी बना रहा, साथ ही सहयोग भी कम नहीं रहा। मेरे पिता पंडित रतनचंद जी भारिल्ल जो कि एक आध्यात्मिक प्रवक्ता एवं लेखक हैं एवं माँ कमला भारिल्ल जो कि एक विदुषी हैं, जिनके अनवरत संस्कार एवं आशीर्वाद के कारण ही यह कार्य संपन्न हो सका। इस पुस्तक को इस मुकाम तक पहुँचाने के लिए मेरे जिन मित्रों ने सहयोग किया है, मैं उनके प्रति हृदय से आभारी हूँ।

इस पुस्तक की रॉयल्टी का 1 ₹ प्रति पुस्तक 'विनिंग टीम फाउन्डेशन' को जो कि अनाथ बच्चों के उत्थान के लिये कार्य करती है एवं 1 ₹ प्रति पुस्तक 'पीपल फॉर एनीमल लिबरेशन' (पाल) को, जो मूक पशुओं के अधिकारों के लिए कार्य करती है, को दिया जायेगा।

शुद्धात्मप्रकाश भारिल्ल

क्या-क्या नहीं सुना था ललिता ने अपने मोहल्ले की औरतों और रिश्तेदारों से, पर बेचारी! क्या करती। कोई मंदिर, मस्जिद, गुरुद्वारा, साधु, संत, पंडे, मौलवी नहीं छोड़े थे, जहाँ ललिता और विजय नहीं गये हों, वहाँ का प्रसाद और भभूती न ली हो। संतान नहीं होने का दर्द तो वही जान सकता है, जिसके संतान नहीं होती है। वे कोई चौखट पूजना नहीं छोड़ते, यह बात सभी जानते हैं, फिर भी बोलने से कौन चूकता है।

कोई कहता बाँझ है तो कोई कहता मनहूस है। अब तो सबने उम्मीद ही छोड़ दी थी, पन्द्रह साल शादी को जो हो गये थे। सास के तो कान ही पक गये थे, बहू की सूनी कोख के बारे में सुनते-सुनते! मन तो उसका भी बहुत व्याकुल था, पर ललिता की सास समझदार थी। जो भी मोहल्ले में सुनकर आती, अपनी बहू से न कहती।

अचानक ललिता को उल्टी होने लगी, जी मचलाने लगा। सारे भागे-भागे भगवान का नाम लेकर डॉक्टर के पास गये तो वहीं उछल पड़े। वर्षों की तमन्नाओं ने साकार रूप ले लिया, आज आशा पूरी हो गई, न जाने कितने वर्षों से सपने संजोये थे आज के दिन के लिए। खुशियों

का अम्बार फट पड़ा। पन्द्रह साल से माँ की सूनी गोद भर गई थी। यह खुशी ऐसे ही नहीं मिल गई, इसके लिए न जाने कितने पापड़ बेलने पड़े थे।

मिडिल क्लास ललिता और विजय बहुत सज्जन हैं। सीधे भी बहुत हैं, सरल हैं, समाज में प्रतिष्ठा भी है। आज वे बहुत खुश हैं। खुश क्यों न हों? 15 वर्ष के इन्तज़ार के बाद मुराद जो पूरी हो रही है। इतने इंतज़ार के बाद कोई नया मेहमान घर में आये तो क्या अमीर, क्या गरीब, सभी को खुशी बराबर होती है, पर खुशी का इज़हार करने में फ़र्क ज़रूर होता है।

ललिता के नौ महीने बड़े सँभलकर निकले थे। कहीं पैर गलत न पड़ जाये, कहीं गलत तरीके से बैठ न जाये, क्या खाना, क्या नहीं खाना, इस सब का ख्याल उसकी सास और मोहल्ले की औरतें हमेशा रखती थीं।

खुशी का दिन आया, ललिता ने आठ पाउंड के प्यारे-से सुन्दर बेटे को जन्म दिया। बाजे बजे, पूरे मोहल्ले में मोतीचूर के लड्डू बँटवाए, किन्नर भी बधाइयाँ देने आये, खुशियाँ ही खुशियाँ छा गईं। विजय की माँ तो अब पूरे शहर में फूली-फूली फिर रही थी और सभी को न्योता दे रही थी अपने पोते के जन्म की दावत का।

बहिनें, बेटियाँ, बुआ, चाची महीनों रहीं अपने विजय के बेटा जो हुआ था। ललिता ने भी सभी को भरपूर मान-दान दिया, कोई कसर नहीं छोड़ी, वर्षों की तमन्ना जो पूरी हुई थी।

फिर ललिता और विजय दोनों ज्योतिषियों, पंडितों, महंतों के चक्कर काटने लगे, बेटे के नामकरण के लिए, बढ़िया से बढ़िया नाम रखने के चक्कर में। आखिरकार नाम फाइनल ही नहीं हो सका, पर कुछ तो बुलाना ही था। माँ-बाप ने खेल-खेल में 'राजा बेटा' बुलाना शुरू कर दिया। धीरे-धीरे पड़ोसियों ने भी राजा बोलना शुरू कर दिया और वह राजा ही हो गया। अच्छा रहा जो दो-चार नाम नहीं पड़े।

किलकारियों से आँगन गूँज उठा था। मस्त डील-डौल, प्यारी-सी मुस्कान देखते-देखते दोनों का दिन कब निकल जाता, पता ही नहीं चलता। ललिता और विजय के पास राजा को खिलाने का ही एक प्रोजेक्ट

था। राजा वास्तव में राजा ही लगता था और जब ललिता उसके बड़े से माथे पर काजल का काला टीका लगा देती तो राजा देखते ही बनता।

विजय राजा की हर हरकत को कैमरे में कैद कर लेना चाहता था, राजा ने कैसे माँ बोला, कैसे सू सू की, कैसे पहली बार कदम उठाये, कैसे बोतल से दूध पिया, कैसे चल कर गिरा।

राजा के लाड़-प्यार में कोई कमी नहीं थी, न सुख-सुविधाओं में कोई कसर, मजाल उसकी सम्हाल में कोई चूक हो जाये, कई मन्नतों के बाद मिला था ना इकलौता राजा।

दिनभर घर में लोगों का जमघट ही लगा रहता। मोहल्ले की औरतें और बच्चे राजा को खिलाने आते। खिलाने तो क्या आते, बल्कि राजा से खेलने आते।

क्या गजब है, हम बच्चों को खिलाते कहाँ हैं, बल्कि उनसे खेलते हैं और नाम देते हैं खिलाने का। जब हमारा मन होता है तब खिलाते हैं, भले ही बच्चे का मन हो या न हो और जिस तरीके से हमें खेलने का मन होता है, उसी तरीके से उसे खिलाते हैं, भले ही उस बच्चे को तकलीफ ही क्यों न हो रही हो और बच्चा रोये तो बड़ी तड़ी से कहते हैं – रोता बहुत है। एक तो तुम उसे परेशान करो और वह रोये भी नहीं।

बच्चा अगर सो भी रहा हो और हमारा मन उससे खेलने का हो तो हम उसे जगाये बिना भी नहीं रहते।

वास्तव में तो हम अपने मनोरंजन के लिए बच्चों को खिलाते हैं, उनके मनोरंजन के लिए नहीं।

ललिता राजा को थोड़ा भी रोता देखती तो मोहल्ले की औरतों को गाली देना शुरू कर देती – ''नासमिटी! मेरे बेटे को नजर लगा देती हैं। कलमुँही कहती है सुंदर है, मोटा है, गोल-मटोल है। शरम भी नहीं आती।'' इसलिए वह राजा के गले में काला धागा, पैर में कड़ा, हाथ में काले मोतियों की पोची पहनाए रखती। मतलब चारों तरफ से नजर न लगने का पूरा इंतजाम, फिर भी रस्सी और मिर्ची के धुएँ से आये दिन ललिता राजा की नजर उतारती रहती।

इकलौता राजा ललिता और विजय के लाड़-प्यार के सुरक्षा कवच और बाढ़ों के बीच पलने-बढ़ने लगा। उसकी जरा-सी नाक बहने लगे तो ललिता पूरा घर सर पर उठा लेती। अगर राजा दिन में दो बार टट्टी कर दे तो दोनों डॉक्टर के चक्कर लगाना शुरू कर देते। दिन भर राजा कुछ न कुछ खाता ही रहता तो भी ललिता कहती, देखो! राजा कुछ खाता ही नहीं है, बड़ा कमजोर होता जा रहा है, मेरा बेटा! चलो किसी अच्छे डॉक्टर को दिखाते हैं। दोनों डॉक्टरों के चक्कर ही लगाते रहते और राजा बीमार ही बना रहता।

हर साल जन्म दिन मनता गया। राजा बड़ा होने लगा। जैसे-जैसे बड़ा हो रहा था, वैसे-वैसे माँ-बाप का प्रोटेक्शन भी बढ़ता जा रहा था, जिससे राजा घर में भी माँ के पीछे-पीछे ही घूमता रहता। कभी-कभार बाजार जाये तो माँ की साड़ी का पल्लू ही नहीं छोड़ता। बार-बार रोने लगता तो ललिता और विजय रुआंसे हो जाते, कहीं कुछ हो न जाये मेरे लाड़ले को।

बच्चे हों या बड़े, सभी दूसरों से सिम्पैथी चाहते हैं। खासतौर से तब जब कोई सिम्पैथी दिखाने वाला दिखाई दे रहा हो और नासमझ बच्चे तो इसमें कुछ ज्यादा ही समझदार होते हैं। बच्चा रास्ते में अगर चलता-चलता गिर जाये तो वह सबसे पहले चुपके से माँ की ओर देखता है। यदि माँ का ध्यान उसकी ओर नहीं है और देखने की कोई संभावना भी नहीं है तो वह चुपचाप उठ जाता है और धीरे-से अपने कपड़े, हाथ-पैर भी साफ कर लेता है। अगर उसे पता लग जाये कि माँ देख रही है तो खुद उठने का तो नाम ही नहीं लेता, बल्कि जोर-जोर से रो-रो कर माँ को पास आने पर मजबूर कर देता है। यदि माँ ने इतना कह दिया - अरे! मेरे बेटे को इतनी लग गयी तो बस, फिर देखो.........।

अब राजा स्कूल जाने लगा। माँ-बाप की गोद में अधिक सुरक्षित महसूस करने एवं उनके लाड़-प्यार की बारिश से दूर न जाने के कारण उसका स्कूल जाने का मन भी नहीं होता था पर जबरदस्ती जाना तो पड़ता था। जैसे-तैसे मुश्किल से रोते-रोते जाता। स्कूल जाते वक्त इधर राजा रोता और उधर उसकी मम्मी रोती। वहाँ सहमा-सहमा रहता तो

दोस्तों को चिढ़ाने का मौका और मिल जाता।

खेल-खेल में राजा की मौहल्ले के दोस्तों के साथ छोटी-मोटी बच्चों वाली तू-तू मैं-मैं हो जाती, तो उसकी माँ ललिता तुरंत उसे बचाने और उसके दोस्तों को डाँटने पहुँच जाती।

कभी-कभी राजा दोपहर में दूध पीकर खेलने नहीं जाता तो ललिता दूध का गिलास लेकर ही खेल के बीच पहुँच जाती।

अक्सर उसके दोस्त उसे चिढ़ाते, कहते - ''राजा, मम्मी को बुला ले।''

''हार जायेगा तो आ जाएँगी आंटी।'' मोनू हँसते हुए बोल जाता।

''रोंटू कहीं-का.....'' पीछे से आवाज आ जाती।

पर कभी-कभी बेबी उसका बीच-बचाव कर उसे बचा लेती।

ऐसे व्यंग्य बाणों से राजा मायूस हो जाता, पर करता भी क्या?

खेलने में राजा का मनोरंजन तो कम होता, पर वह दूसरों के मनोरंजन का साधन अवश्य बन जाता।

राजा घर में बहुत जिद्दी हो चला था। छोटी-छोटी बातों पर अड़ जाता और उन्हें पाकर ही रहता।

बच्चों के जिद्दी होने में एक कारण यह भी होता है। जब बाहर उनकी कोई सुनने वाला नहीं होता है तो वे घर में शेर बनने की कोशिश करते हैं और वहाँ अपनी भड़ास निकालते हैं।

एक दिन राजा स्कूल का होमवर्क करके नहीं ले गया, मास्टर जी ने कॉपी देखी और कहा - गधे कहीं-के, इतना भी नहीं आता। चलो मुर्गा बन जाओ। गुस्से में आकर मास्टर जी ने राजा के कान मरोड़ दिए।

ये मास्टरजी भी ना! जिनके हाथ में देश का भविष्य है, उन्हें मालूम भी नहीं कि इन बच्चों को कैसे हैंडल किया जाये। अच्छे-भले इंसान को अगर बार-बार गधा कहोगे और मुर्गा बनाओगे तो एक दिन वह अपने आप को गधा और मुर्गा ही समझने लगेगा, पर उन्हें इससे क्या?

राजा को कभी-कभी स्कूल में थोड़ा ज्यादा होमवर्क मिल जाता तो राजा के मम्मी-पापा मिलकर उसका होमवर्क करते और राजा मज़े से

सोफे पर बैठ कर पॉपकोर्न खाते हुए टी.वी. देखता।

स्कूल में यदि टीचर राजा से कुछ कह देते तो ललिता तुरन्त स्कूल पहुँच जाती और भावुक होकर टीचर की खबर ले लेती।

मासूम राजा के दोस्तों को आये दिन रेसिस में फ्री एंटरटेनमेंट का साधन मिल जाता। घर पर तो मोहल्ले के बच्चे ही छेड़ते थे, लेकिन स्कूल में तो बाकी और बच्चे भी पीछे नहीं रहते। ऐसा मौका मिले तो कौन हाथ नहीं धोता है ?

बच्चे को माँ-बाप की ममतामयी लाड़-प्यार की छाँव शक्ति देती है, जीने का सहारा देती है, परन्तु जब यह अंधी हो जाये तो उसे कमजोर करने में भी देर नहीं लगाती।

जब बच्चों को उनके पैरों पर चलना सिखाने की जगह अपने पैरों से ही चलायेंगे तो भला वे स्वयं चलना कैसे सीखेंगे ?

धीरे-धीरे तो राजा की ऐसी दशा हो गयी थी कि वह कभी-कभार दोस्तों के बीच कोई समझदारी वाली बात भी कहता तो वह भी मजाक का ही कारण बन जाती और राजा फिर मायूस हो जाता।

पर राजा को सिर छिपाने के लिए हमेशा माँ की गोद और उँगली पकड़ने के लिए हमेशा पिता का हाथ तैयार रहता, इकलौता जो ठहरा।

अकेले ही कागज के हवाई-जहाज बना-बना कर उड़ाते हुए राजा अब 13 साल का हो चुका था।

बच्चा हो या बड़ा, अपने ईगो की संतुष्टि तो सभी को चाहिए, भले ही वह किसी भी रूप में हो। राजा भी हमउम्र दोस्तों के व्यंग्य बाणों से बचने के लिए अपनी उम्र से कम उम्र के बच्चों के साथ खेलने लग जाता और उनके साथ होने वाली छोटी-छोटी जीत में भी अपनी बड़ी जीत मानने लगता, उनसे कॉम्पिटीशन करने लगता और उनसे ऐसे रियेक्ट करता जैसे उसके दोस्त उससे करते।

राजा का ऐसा व्यवहार उसके दोस्त देखते तो उसे और भी तिरस्कार की नजरों से देखते। बातों ही बातों में उसे हीनता का अनुभव भी कराते।

पर वे यह सोच भी नहीं पाते कि हम भी तो राजा के साथ ऐसा ही व्यवहार करते हैं।

समय को भला कौन रोक पाया है, उम्र पर भला किसकी चली है, समय अपनी गति से चलता गया, उम्र बढ़ती गयी, दुनिया का दायरा बढ़ता गया, माँ की गोद दूर होती गयी, पापा की उँगली छूटती गई, नया परिकर जुड़ता गया, अपेक्षाएँ बढ़ती गईं और इन सब के बीच जिन्दगी भी लगातार अपनी करवट बदलती जा रही थी।

जिस तरह शरीर का इम्यून सिस्टम (प्रतिरोधक क्षमता) होता है, उसी तरह दिमाग का भी एक इम्यून सिस्टम होता है। यदि शरीर का इम्यून सिस्टम कमज़ोर हो जाये तो छोटे-छोटे इंफेक्शन शरीर को घेर लेते हैं और यदि दिमाग का इम्यून सिस्टम कमज़ोर हो जाये तो छोटी-मोटी बातें दिमाग़ को घेर लेती हैं। यदि दिमाग़ का इम्यून सिस्टम एक बार गड़बड़ हो जाये तो उसे ठीक करना इतना आसान नहीं है, जितना शरीर का।

अब राजा पर छोटी-छोटी बातें भी बड़ा असर डालने लगी थीं। बिना सिर-पैर की कोई बात उसके दिमाग पर छा जाती तो निकलती ही नहीं, वह उसी में घुलता रहता। नकारात्मकता ने चारों ओर से उसे घेर लिया था और उसके दिमाग़ की प्रतिरोधक क्षमता दिन पर दिन कमज़ोर पड़ती जा रही थी।

राजा का डर धीरे-धीरे दिमाग से दिल में उतरता जा रहा था।

जब डर दिमाग से दिल में बैठ जाता है तो धीरे-धीरे हीन भावना का रूप धारण करने लगता है। जब हीन भावना आने लगती है तो मनोबल टूटने लगता है। साथ ही, जब मनोबल टूटने लगता है तो आत्मविश्वास समाप्त होने लगता है। जब आत्मविश्वास समाप्त होने लगता है तो व्यक्ति को अपने आप पर ही विश्वास नहीं रहता जब अपने आप पर ही विश्वास नहीं रहता तो वह कुछ करने लायक ही नहीं रहता है। जब वह कुछ करने लायक ही नहीं रहता तो फिर वही कुचक्र शुरू हो जाता है, डर लगने लगता है, हीन भावनायें जकड़ लेती हैं, इससे फिर आत्मविश्वास समाप्त होने लगता है और फिर अपने आप से

विश्वास उठ जाता है। जीवन का यह सबसे खतरनाक कुचक्र है।

यदि कुछ समय तक व्यक्ति इस कुचक्र में फँसा रहे तो उसका व्यक्तित्व ही ऐसा हो जाता है।

यह दुनिया भी क्या गजब है! जो कमजोर है, उसे और कमजोरी की ओर धकेलती है, जो डरपोंक है उसे और डराती है, जो हीन भावनाओं से ग्रस्त है, उसका और मजाक उड़ाती है, जो कुछ भी करने में असमर्थ है, उसे और इसी बात में मदद करती है कि वह कुछ भी न कर पाए।

राजा भी धीरे-धीरे अनजाने में इसी का शिकार हो चला था।

शादियों के सावे चल रहे थे। चारों तरफ धूम मची हुई थी। एक तो बैंडों की कर्कश आवाजें और उस पर बेसुरे गानों ने कानों को फोड़ने में कोई कसर नहीं छोड़ी थी। कुछ लड़के पान की गिलोरी दबाए तो कुछ सिगरेट के धुएँ के छल्ले हवा में उड़ाते हुए, सजे-सजाये, स्टाइल मारते हुए यहाँ-वहाँ घूम रहे थे। कुछ जो डांस कर रहे थे, वे शादी की खुशी में कम, स्टाइल मारने में ज्यादा लगे थे। कुछ लड़कियाँ आधे-पोने कपड़े पहने खुली सड़क पर ही फैशन शो करतीं, इतराती, मटकती हुईं यहाँ-वहाँ घूम रही थीं। ऐसे मौकों पर कई लड़कियाँ तो यही कोशिश करती हैं कि लड़के उन्हें देखें, तभी तो ऐसे घूमती हैं। बेचारे लड़के यदि देखने लगें तो कहती हैं कि देखो! वह हमें घूर रहा है।

अनमना राजा अकेला मायूस-सा टहलता हुआ कुछ सोचता-सोचता मानो पूरी दुनिया से अलग-थलग दिशाहीन चलता जा रहा था। ऐसा पहली बार नहीं हो रहा था। अक्सर राजा अकेला ही घूमता रहता और ताने-बाने बुनता रहता- ''मैं कुछ नहीं कर सकता हूँ, इस दुनिया में। यह जीवन ही व्यर्थ है। यह जीवन मिलता ही क्यों है? यह जिन्दगी किस काम की है? मैं तो किसी काम का ही नहीं हूँ? मैं कुछ कर ही नहीं

सकता हूँ। सभी लोग मेरा मजाक उड़ाते हैं, मेरी किसी को जरूरत ही नहीं है तो जीना क्यों? जी कर भला करूँगा भी क्या?''

ऐसा सोचते-सोचते न जाने राजा को कितनी बार आत्महत्या का विचार आ गया था। उसने गूगल पर ऐसी वेबसाइट भी सर्च कर ली थी, जिसमें आत्महत्या के तरीके बताये गये थे, परन्तु सिर्फ अपने मम्मी-पापा के बारे में सोचकर रुक जाता था कि उन पर क्या बीतेगी? बस, इसी कारण आज तक राजा ने यह कदम नहीं उठाया था।

जब जीवन में भटकाव हो, हीन भावनाओं ने घेर रखा हो, हरेक व्यक्ति खाने को दौड़ता हो और कोई रास्ता ही दिखाई न दे तो कमजोर लोगों को किसी भी समस्या से निपटने का सबसे आसान तरीका सिर्फ आत्महत्या ही दिखाई देता है। आत्महत्या से अपने जीवन को समाप्त करने का विचार करके आदमी सोचता है कि यही सारी समस्याओं का अंतिम समाधान है।

जबकि आत्महत्या तो परिस्थितियों से भागना है, निपटना नहीं। यह तो कमजोरी का प्रतीक है, बहादुरी का नहीं। आत्महत्या किसी भी समस्या का अंत नहीं, बल्कि अपना अंत है।

खरगोश को जब संकट दिखाई देता है तो वह अपने लम्बे-लम्बे कानों से अपनी आँखें ढँक लेता है और सोचता है कि संकट खत्म हो गया।

आत्महत्या और हत्या आवेश का काम है, बुद्धिमानी का नहीं। यदि कोई आत्महत्या या किसी की हत्या करने वाला बुद्धि पर जोर डालकर पाँच मिनिट सोच ले, तो वह डिप्रेशन में न तो आत्महत्या करेगा और न ही क्रोधवश किसी अन्य की हत्या।

जब यह आवेग आता है तो हम भूल जाते हैं कि यह मनुष्य जीवन कितना अनमोल है। कितनी मुश्किलों से मिला है। फिर पता नहीं कब मिलेगा? वास्तव में यह तो एक आवेग ही है। यदि उस आवेग का समय टाल दिया जाये तो निश्चित ही यह कुविचार भी टल जाता है।

विचारों के इस तूफानी सागर में डूबने से बचने के लिए तिनके का सहारा तो चाहिए ही। सागर में तो यह सहारा मिल भी जाता है, परन्तु

इस संसार-सागर में ऐसा सहारा मिलना असंभव नहीं तो मुश्किल तो है ही, क्योंकि यहाँ लोग डूबने वाले को सहारा तो दूर, धक्का मारने से भी नहीं चूकते। उनका स्वार्थ उन्हें नहीं छोड़ता। यही रिवाज है, इस स्वार्थी जालिम दुनिया का।

हताश और अपने से ही परेशान राजा वैसे तो कभी यहाँ-वहाँ फालतू किसी रेस्टोरेंट या कॉफी शॉप में नहीं जाता था। जाना चाहे तो भी किसके साथ जाये? कभी-कभार कोई मिल भी जाये तो उसके मम्मी-पापा को यह सब पसंद नहीं था। वह तो अकेले पिक्चर भी नहीं जाने देते थे। रात के आठ बजते ही उसकी ढुँढाई शुरू हो जाती थी, क्योंकि उन्हें डर लगता था कि उनके राजा को कोई कुछ ऐसा-वैसा खिला-पिला न दे, परेशान न कर दे। किसी से कोई झगड़ा-फसाद न हो जाये, गलत संगत में न चला जाये और इन सबकी जरूरत भी क्या है? वैसे तो राजा अब इक्कीस साल का हो चला था, परन्तु किन्हीं-किन्हीं माँ-बाप के लिए तो बच्चा कितना भी बड़ा क्यों न हो जाये, बच्चा ही रहता है। विजय और ललिता के लिए तो राजा कुछ ज्यादा ही छोटा था।

पर आज न जाने क्या मन हुआ, राजा ऐसे ही अकेले घूमता-फिरता एक कॉफी शॉप में जा पहुँचा।

हल्की पीली रोशनी, कुछ वेस्टर्न माहौल, जवान लड़के-लड़कियाँ, मजाक के नाम पर आपसी छेड़खानी और उनके चहकने की जोर-जोर की आवाजें, साथ ही एफ.एम. रेडियो, जिस पर संगीत कम गप्पें ज्यादा चल रही थीं। वर्दी वाले वेटर प्रोफेशनल मुस्कराहट लिये इधर-उधर घूम रहे थे। राजा ने एक कोने में सिंगल टेबल देखी और एक अचीवमेंट समझकर कुर्सी खिसकाकर धम्म से मुँह लटकाकर बैठ गया।

आजकल कॉफी शॉप में लोग कॉफी पीने कम टाइम पास करने ज्यादा जाते हैं, पर ये लोग बड़े शान से अक्सर कहते मिल जायेंगे कि मेरे पास तो टाइम ही नहीं है। इन लोगों को यह पता भी नहीं है कि इनका अमूल्य समय कहाँ बर्बाद हो रहा है? यह समय को खा रहे हैं या समय इनको खा रहा है? यह टाइम पास कर रहे हैं या टाइम इन्हें पास कर रहा है?

पहले लोगों के पास घड़ी नहीं होती थी, पर समय सबके पास होता था, लेकिन अब सभी के पास घड़ी है, पर समय किसी के पास नहीं है।

जीवन का एक-एक समय बर्बाद हो रहा है और जिस मृत्यु से इतना डर लगता है, वह प्रतिपल नजदीक आती जा रही है। बोर होने के नाम पर समय बर्बाद करने वालों को इसका होश भी नहीं है। समय बीतता जा रहा है, जीवन समाप्त होता जा रहा है और मृत्यु नजदीक आती जा रही है तो एक-एक समय को बचाना चाहिए। 'टाइम इज़ मनी' नहीं है, बल्कि 'टाइम इज़ लाइफ' है, यानि समय ही जीवन है, पर इन्हें क्या?

राजा लम्बे-लम्बे शीशों के बाहर अपनी उतरी हुई शक्ल से तेजी से आती-जाती गाड़ियों को बड़े गौर से देख रहा था और सोच रहा था "ये दुनिया ऐसी क्यों हैं? ये जीवन इतना टेढ़ा क्यों है? इतनी बड़ी जिन्दगी कैसे कटेगी, न कोई उमंग, न उत्साह, न ही उद्देश्य, बस कमाओ खाओ, सोओ और एक दिन मर जाओ। इस दुनिया में कोई भी अपना नहीं लगता हरेक व्यक्ति खाने को ही दौड़ता है।"

किंकर्त्तव्यविमूढ़ राजा, थका-हारा, हीनभावनाओं से ग्रसित, परेशान था, जिसे विकल्पों के मायाजाल ने घेर रखा था।

आप जैसा सोचते हैं, दुनिया वैसी ही दिखाई देती है। दुनिया तो मात्र प्रतिबिम्ब है। जिस रंग का चश्मा पहना होगा, दुनिया उसी रंग की ही दिखाई देगी।

राजा न जाने क्या-क्या सोचते-सोचते उधेड़बुन में खो गया। अचानक किसी ने इतने जोर से ब्रेक लगाए कि शीशे के अन्दर इतनी जोर से चूँऽऽ की आवाज आई कि राजा चौंक गया। उसने मुड़कर देखा कि एक काले रंग की मर्सडीज कॉफी शॉप के ठीक सामने रुकी है। फुर्ती से सफेद वर्दी वाले ड्राइवर ने पीछे का गेट खोला। उसमें से जैसे किसी हिंदी कॉमर्शियल सुपर हिट फिल्म के हीरो जैसे व्यक्ति की एंट्री होती है, वैसे ही एक 40 वर्षीय आकर्षक व्यक्तित्व का धनी, सुंदर डील-डौल, स्मार्ट-सा दिखाई देने वाला व्यक्ति काले रंग की पैंट व हल्के पीले रंग की शर्ट पहने, बालों में फँसा हुआ गोगल, हाथ में महँगा-सा मोबाइल

लिये बिजली की तरह उतरा और बिना दायें-बायें देखे सीधे कॉफी शॉप में घुस गया।

उसके कॉफी शॉप में अन्दर आते ही मानो पूरे माहौल में जान-सी आ गयी। एक तरंग-सी फैल गयी। सभी लोगों की नजरें उस पर टिकी थीं, मानो कोई सेलिब्रिटी हो। जैसे ही वह व्यक्ति सेंटर में लगी टेबल पर बैठा कि लड़के-लड़कियों ने उसे चारों ओर से घेर लिया। उनकी शक्लों से लग रहा था कि मानो वर्षों पुरानी मुराद पूरी हो गयी हो। कोई साथ में फोटो खिंचवा रहा था, कोई आटोग्राफ ले रहा था, कोई बतियाने की कोशिश कर रहा था, कोई गहरी नजरों से नजर भरकर बस देख ही रहा था।

वह शांत, गंभीर, मुस्कुराहट बिखेरता हुआ सभी से बड़ी आत्मीयता से मिल रहा था। उसमें किसी बड़े आदमी जैसे नखरे और अहम् दिखाई नहीं दे रहा था।

राजा कुछ समझ ही नहीं पा रहा था, पूछे भी तो किससे पूछे? परन्तु दिल में उथल-पुथल हो रही थी, जो चेहरे पर भी प्रतिबिंबित हो रही थी, वह मन ही मन सोचने लगा -

''यह कोई फिल्मी हीरो तो लगता नहीं, कोई क्रिकेटर भी दिखाई नहीं देता। पता नहीं, हो सकता है कोई टी.वी. एंकर हो या पता नहीं..........।''

थोड़ी देर बाद वह कॉफी पीने लगा और उनसे बतियाने लगा, जो उसके साथ आये थे। राजा ने भी एक केपीचीनो कॉफी का ऑर्डर दे दिया और उसे दूर से ही घूरता रहा।

तभी राजा के दिल से अचानक जोर से आवाज आयी, ''राजा उठ, इससे हाथ मिला, बात कर इससे, इसी से पूछ इसके बारे में। उठ राजा! उठ...उठ ....उठ जा!!...अबे उठ ...उठ भी जा!!!''

आखिरकार पूरा जोर लगाकर राजा अपनी कुर्सी से उठ गया और उसकी ओर कदम बढ़ा दिये।

जैसे ही पहला कदम बढ़ाया, एक काली छाया राजा के दिलोदिमाग पर छा गयी और अन्दर से आवाज आयी - ''राजा, तू नहीं मिल सकता

उससे! कैसे मिलेगा? कैसे बात करेगा? क्या बात करेगा? वह जानता भी नहीं है तुझे! कहीं कुछ कह दिया तो? कहीं तेरा सबके सामने मजाक उड़ा दिया तो! वह क्यों बात करेगा तुझसे?'' सोचते-सोचते राजा छत की ओर देखने लगा।

राजा वापस जैसे ही अपनी कुर्सी पर बैठने वाला था कि अचानक उसके कंधे पर किसी ने पीछे से हाथ रखा। राजा घबरा तो रहा ही था, चौंक गया! पीछे देखा तो वही जैंटलमैन मुस्करा रहा था। राजा के माथे पर पसीने की बूँदें चमकने लगीं।

राजा अपने को पूरी तरह सँभाल ही नहीं पाया था कि इतने में उसने राजा से कहा- ''मेरा नाम चेतन है। तुम मुझसे मिलना चाहते हो ना? तो डर क्यों रहे हो? ''

राजा का बदन पसीने से गीला हो गया, मुँह सूख गया, हाथ-पैर काँपने लगे, आवाज़ बंद हो गयी। फिर भी राजा ने पूरा जोर लगाकर चारों ओर से साहस बटोरा और बड़ी हिम्मत करके आखिर अपना नाम बता ही दिया - ''मैं राजा।''

''वाह! क्या नाम है, तुम तो लगते भी राजा की तरह ही हो।''

चेतन के मुँह से इतना सुनते ही राजा के पूरे शरीर में कँपकपी आ गयी।

''अच्छा राजा, बताओ- हम भागते हैं, इसलिए डरते हैं या डरते हैं इसलिए भागते हैं?''

चेतन ने राजा से एक अनोखा प्रश्न पूछा और अपना विजिटिंग कार्ड थमा दिया। राजा कुछ समझ पाता, इससे पहले ही चेतन की कार हवा हो गयी।

राजा निर्जीव-सा हो गया।

असमंजस में पड़ा राजा अपने को सम्हाल पाता इससे पहले ही कॉफी शॉप में बैठे लड़के-लड़कियों ने राजा को घेर लिया और बतियाने लगे, क्योंकि वह उसे बड़ा आदमी मान बैठे थे, चेतन जो उसके पास गया था, परन्तु बावड़ा राजा हाँ...हूँ... के अलावा क्या बोलता!

राजा की कॉफी पानी हो गयी थी, एक घूँट में गुटकी और वह वहाँ से निकल लिया।

राजा का दिमाग चलना ही बंद हो गया था। सोच तो बहुत रहा था, परन्तु सोचना बंद हो गया था, दिमाग के घोड़े तो बहुत दौड़ा रहा था, परन्तु वे बेलगाम ही दौड़ रहे थे।

करवटें बदलते-बदलते पूरी रात निकल गयी। नींद कैसे आ सकती थी, कुछ समझ ही नहीं आ रहा था, यह हुआ क्या? और चिड़ियों की आवाजें आने लगीं।

"चाय तैयार है" माँ ने जोर से आवाज लगाई। राजा आँखें मलता हुआ डाइनिंग टेबिल पर आ गया।

"आज कुछ सपना देखा है क्या?" माँ ने चाय देते हुए पूछा।

"हाँ.......नहीं.....बस यूँ ही" चाय का कप पकड़ते हुए राजा बोला।

"क्या बोल रहा है!" साड़ी का पल्लू कमर में बाँधते हुए माँ बोली।

"माँ! कुछ देखा है, पर पता नहीं....... सच था या सपना।"

आँखें बचाते हुए राजा ने झटपट चाय खत्म की. अखबार भी नहीं देखा और सीधे बाथरूम चला गया।

जब कुछ समझ न आये तो बाथरूम ही सर्वोत्तम जगह दिखाई देती है, क्योंकि वही एक शांति की जगह है। वहाँ किसी का कोई डिस्टर्बेन्स नहीं, कोई रोकने-टोकने वाला नहीं, कितनी भी देर बैठो, कुछ भी प्लान करो, कुछ भी सोचो, शांति ही शांति!!

अंदर बैठे-बैठे राजा की चिंतन प्रक्रिया तेज हो गयी। वह सोचने लगा, "मैं खुश क्यों हूँ? क्या अच्छा लग रहा है मुझे? क्या उस आदमी का कंधे पर हाथ रख कर नाम पूछ लेना? क्या उसका मुस्कराना? मैं

तो कुछ बात भी नहीं कर पाया, परन्तु मुझे इससे क्या ? तो मैं खुश भी क्यों हूँ ?...... पर मैं उससे दुबारा मिलूँगा भी कैसे ?...... कब ?...... कहाँ.....।''

न जाने कितने-कितने विचारों ने राजा को घेर लिया था। जिसमें पॉज़ीटिव कम नेगेटिव ज्यादा थे। विचारों का स्वरूप ही ऐसा है। जब एक बार शुरू होते हैं तो रुकते ही नहीं हैं। जिसमें हमेशा नेगेटिव ही ज्यादा होते हैं।

अंत में राजा ने स्वयं निर्णय लिया कि फोन से बात की जाये, पर आज नहीं, कल करूँगा, परन्तु कल तो संडे है। अच्छा नहीं लगेगा..। मंडे को करूँगा......सुबह नहीं......शाम को करूँगा।

जैसे-तैसे मंडे की शाम भी आ गयी। राजा सोचने लगा - ''आज देर हो गयी है, कल करूँगा, पर कल का दिन तो अच्छा नहीं है, हाँ परसों तो पक्का ही करूँगा।''

राजा बात करना भी चाहता था, पर टालमटोली कर रहा था और कोई न कोई कारण सोचकर अपने आप को संतुष्ट कर रहा था। जब व्यक्ति के मन में अघोषित डर दिल के किसी कोने में पड़ा होता है तो अक्सर ऐसा ही होता है और वो टालमटोली करता रहता है, परन्तु वह व्यक्ति यह नहीं मानता कि मैं डर रहा हूँ, वह उसका कोई भी कारण ढूँढकर संतुष्ट होता रहता है और अपने को ही धोखा देता रहता है। राजा के साथ भी ऐसा ही हो रहा था।

आखिर वह घड़ी आ ही गयी। सुबह आठ बजे राजा ने हिम्मत करके विजिटिंग कार्ड में देखकर चेतन के मोबाइल पर फोन लगा ही दिया।

''हैलो'' राजा बड़े धीरे से घबराते हुए बोला।

''हैलो, चेतन स्पीकिंग'' सामने से बड़ा उत्साहित स्वर सुनाई दिया।

''मैं राजा।''

''अरे राजा, तुम! क्या हाल है ?'' चेतन ने बड़ी आत्मीयता भरा हुआ वाक्य बोला, जिसकी आशा राजा को कतई नहीं थी।

"मैं बढ़िया हूँ" राजा ने सकुचाते हुए उत्तर दिया।

"बढ़िया या बहुत बढ़िया" चेतन ने हँसते हुए पूछा।

उत्तर की प्रतीक्षा किये बिना ही चेतन ने अगला प्रश्न दाग दिया- "अच्छा, बताओ फोन कैसे किया?"

राजा के मुँह से शब्द नहीं निकल रहे थे, क्या बोले? सोचा तो बहुत था, प्लानिंग तो बहुत की थी, पर अभी सिट्टी-पिट्टी गुम हो गयी थी, आवाज ही नहीं निकल रही थी।

"बोलो भी राजा, क्या बात है?"

"बस, ऐसे ही।"

"तो ठीक है, कभी काम हो तो मिलना।" कहते हुए चेतन फोन रखने की मुद्रा में आ गया।

"क्या मैं आपसे मिल सकता हूँ?" राजा ने ताकत बटोर कर आखिर बोल ही दिया।

"हाँ, तो कल रात आ जाओ, आठ बजे और हाँ जब आओगे तो डिनर भी यहीं ले लेना।" बड़ा अप्रत्याशित उत्तर सुनकर राजा ने अपने मोबाइल के लाल बटन को इतने जोर से दबाया कि बस, बटन अन्दर ही नहीं घुसा। अति उत्साहित होने के कारण वार्तालाप के समापन का अति सामान्य व्यवहार भी भूल गया और उछलता हुआ बिस्तर पर गिर पड़ा।

अब एक समस्या तो कल रात तक समय काटना थी और दूसरी वहाँ जाकर क्या करूँगा? यह समझ नहीं आ रहा था, परन्तु तैयारी में तो अभी से जुट गया।

"माँ! कल रात घर खाना नहीं खाऊँगा।" राजा इतनी जोर से चिल्लाकर बोला कि माँ डर गयी।

"क्या बात है बेटा, कहाँ जाना है?"

बड़ी शान से बोला - "किसी के साथ डिनर है और हाँ, आऊँगा भी लेट, मीटिंग है मेरी।" राजा बोलकर अपने आपको बड़ा आदमी समझ रहा था।

"पापा से भी कह देना, मेरा इन्तजार नहीं करें।" बड़ी स्टाइल मारता हुआ अपनी अलमारी की ओर लपक गया। अलमारी से पैंट-शर्ट छाँट ली, जूते, बेल्ट, मोजे सब निकाल लिये। प्रेस किये हुए कपड़ों पर भी प्रेस करवाने धोबी की दुकान पर चल दिया।

राजू धोबी की छोटी-सी दुकान गली के नुक्कड़ पर थी। राजा जैसे ही उसके पास पहुँचने वाला था कि एक छोटे-से बच्चे ने लहराते-लहराते अपनी छोटी-सी साइकिल पीछे से राजा की दोनों टाँगों के बीच घुसेड़ दी। राजा की जींस की पेंट पर साइकिल के टायर के निशान लगने के साथ-साथ हाथ में थोड़ी-सी खरोंच भी आ गई थी।

बच्चा बड़ा मासूमियत से बोला- "भैया सॉरी।"

राजा मुस्कराते हुए बोला- "कोई बात नहीं मुन्ना! तुमने कोई जानबूझ कर तो नहीं मारी है ना, हो जाता है कभी-कभी। मैं भी जब साइकिल चलाता था, तब भी ऐसा हो जाया करता था, कोई बात नहीं।"

बच्चा तो टक्कर लगने से घबरा ही गया था, क्योंकि ये तो वही राजा भैया हैं, जिन्होंने मेरी क्रिकेट की गेंद आज तक नहीं दी, जो खेलते वक्त इनके पैरों के पास आ गिरी थी, साथ ही बहुत बुरी तरह चिल्लाये भी थे, पर आज तो......।

हम अक्सर सामने वाले व्यक्ति का वर्तमान व्यवहार देखकर ही उस व्यक्ति के पूरे व्यक्तित्व का अंदाजा लगा लेते हैं और उसके प्रति अपनी एक धारणा बना लेते हैं और उससे उसी तरह व्यवहार करते हैं, जबकि उसका वर्तमान व्यवहार उसकी किसी वर्तमान सोच का ही प्रतिबिम्ब मात्र है। हमें पता ही नहीं होती सामने वाले की वर्तमान मनःस्थिति एवं परिस्थिति, जिसके कारण उसने ऐसा व्यवहार किया है।

रात को नींद तो क्या आनी थी? मैगजीन हाथ में लेकर करवटें बदलते-बदलते पानी पीते-पीते, बाथरूम जाते-जाते, आखिर रात कट गयी। आज सुबह भी कुछ जल्दी हो गई थी, परन्तु आज का पूरा दिन काटना बाकी था। आखिरकार दिन भी इधर-उधर चक्कर काटते-काटते जैसे-तैसे बीत ही गया।

शाम 6 बजे से ही राजा एक पुराना-सा मस्ती भरा गाना गुनगुनाते हुए तैयार होने लगा। अन्दर उत्साह की लहरें हिलोरें ले रही हों तो चेहरे पर चमचमाहट तो आ ही जाती है। नहा-धोकर बॉडी पर डियोडिरेंट-फियोडिरेंट, बालों पर जैल-फैल, कपड़ों पर परफ्यूम-मरफ्यूम छिड़ककर आवाज लगाई - "माँ! मैं जा रहा हूँ।" कहता हुआ घर के बाहर निकल गया।

राजा अपनी बाइक पर बैठा ही था कि मोबाइल पर मैसेज टोन बजी, "सॉरी राजा! आई एम अनेबल टू मीट यू टुडे ड्यू टू सम अनअवाइडेबल मीटिंग, कॉल यू लेटर......... चेतन।"

अचानक सामने से भरी बजरी का ट्रक धूल उड़ाता हुआ निकला और राजा पूरा धूल में सन गया।

मानो उबलते दूध में किसी ने अचानक पानी डाल दिया हो। जैसी हालत उस वक्त दूध की होती है, वही हालत इस वक्त राजा की हो रही थी। सब धरा रह गया। राजा ने बाइक उठाई और जोर से किक मारी, पता नहीं कहाँ के लिए? और क्यों?

सड़क दिशाहीन लग रही थी। वह सोच रहा था - "चेतन ने न क्यों किया? क्या वह मिलना नहीं चाहता, इसलिए नहीं मिलने का बहाना मारा? या सच में कोई काम आ गया? वह ऐसा कर नहीं सकता, परन्तु क्यों नहीं कर सकता? उसे मुझसे मिलने से क्या फायदा? वह मुझसे भला क्यों मिलेगा? हो सकता है किसी ने मेरे बारे में कुछ गलत बता दिया हो। मैंने ही शायद फोन करके गलत किया? उसने मेरा मन रखने के लिए उस वक्त हाँ कर दी होगी....... अब वह मुझसे नहीं मिलेगा।"

बुझी आशा की किरण लिये निराश राजा खोया हुआ जा ही रहा था कि अचानक एक लाल रंग की मारुति कार जाने कहाँ से सामने आ गई। राजा चौंक गया, फिर भी सँभला और जोर से ब्रेक लगाते-लगाते भी उसकी बाइक आखिर मारुति के पिछले बम्पर से टकरा गई, परन्तु टकराई ऐसे जैसे बाइक ने मारुति को 'किस' कर लिया हो।

जोर से कार का दरवाजा खुला और लाल स्कर्ट पहने एक खूबसूरत

लड़की नाक पर गुस्सा रखे हुए, भिनभिनाती हुई बाहर निकली।

''देखकर नहीं चलते हो? आँखें फूट गई हैं क्या? बाइक चलानी नहीं आती है तो चलाते ही क्यों हो?'' बिना सोचे-समझे, बिना फुलस्टॉप-कोमा लगाए लाल स्कर्ट वाली जो मन में आ रहा था, बोलती जा रही थी।

उसके तेवर देखकर राजा घबरा गया, माथे पर पसीना आ गया, पर अपने को कंट्रोल करते हुए, राजा ने मुस्कराते हुए सिर्फ इतना ही कहा- ''सॉरी।''

राजा ने सुन्दर-सी लड़की देखकर सॉरी नहीं कहा था , बल्कि घबराहट में उसके मुँह से निकल गया था।

तुरंत राजा ने उस लाल स्कर्ट वाली लड़की से कहा - ''मैडम, गलती मेरी ही थी, आप तो ठीक ही चल रही थीं।'' जबकि राजा जानता था कि गलती उसकी नहीं है।

''इट्स ऑल राइट'' लड़की ने तुरंत पैंतरा बदलते हुए थोड़ा लेडीज झटका मारकर कहा।

''अगर गाड़ी में स्क्रेच आ गए हों तो मेरा मोबाइल नंबर ले लीजिए।'' राजा ने महानता दिखाई।

''नहीं-नहीं, कोई खास बात नहीं।'' उसने बड़प्पन दिखाया।

लाल स्कर्ट वाली लड़की के गुलाबी होठों की मुस्कराहट देखकर राजा का सुस्त दिल जाग उठा। ना जाने कब दोनों के मोबाइल नम्बर आपस में एक्सचेंज हो गए, न जाने आँखों ही आँखों में क्या बातें हो गईं। राजा दिशाहीन और लड़की अपनी दिशा में चल पड़ी।

परन्तु राजा सोच रहा था कि एक 'सॉरी' से बहुत बड़ा काम हो गया।

आवागमन बंद होता जा रहा था। सड़क सुनसान हो गयी थी। कभी दो-चार मनचले लड़के मोटरसाइकिल पर दिखाई दे जाते तो कभी एकाध पैदल चलता हुआ आदमी दारू के नशे में अपने को सड़क का बादशाह समझ कर चलता हुआ दिखाई दे जाता।

अभी तक उदास राजा, नर्वस राजा, परेशान राजा, दुखी राजा अचानक अपनी ही मस्ती में आ गया, उस लाल स्कर्ट वाली से मिलने के बाद, जबकि हुआ एक्सीडेंट था। सारी उदासी, परेशानी, रफूचक्कर हो गयी थी। यही सूनापन अब रोमांटिक लग रहा था, सुहाना लग रहा था। हवाएँ जो अभी तक काटने को दौड़ रहीं थीं, वह अब किसी संगीतकार की मधुर धुन से कम नहीं लग रहीं थीं। अन्दर में उथल-पुथल जो शुरू हो गयी थी, इसके अलावा राजा को कुछ भी पता नहीं था।

सुख-दुख तो आपके अंदर हैं, बाहरी परिस्थितियाँ आपको सुखी-दुखी नहीं कर सकतीं, वे तो बेअसर हैं।

अपनी धुन में खोया राजा, पता नहीं किन-किन रास्तों से होकर देर रात भूखा ही घर पहुँच गया। घर में घुसते ही पापा के खाँसने की आवाज आयी।

विजय की जवानी समाप्त होने के पहले ही बुढ़ापा आ गया था। उसकी तबीयत भी ज्यादातर ठीक नहीं रहती थी। खाना कम, दवाइयाँ ज्यादा चलती थीं, मानो दवाइयों से ही पेट भरना हो।

राजा उनका पूरा ख्याल रखता था। कभी-कभी तो रात भर उनके पास ही बैठा रहता। आज भी सीधे उनके कमरे में चला गया और उनकी पीठ सहलानी शुरू कर दी।

बुजुर्गों को और क्या चाहिए? बस उनकी संतान उनके पास रहे, बाकी शारीरिक तकलीफ तो वे भोग ही लेते हैं। तकलीफों को तो कोई बाँट भी नहीं सकता, दूसरे तो सिर्फ सांत्वना ही दे सकते हैं। इतनी-सी यह बात भी संतान कहाँ समझती है। संतान तो यह भी भूल जाती है कि कुछ समय के बाद वे भी बाप बनेंगे और उनकी भी संतान होगी।

राजा अपने पिता के इलाज के मामले में बिलकुल सतर्क था, कोई लापरवाही नहीं रखता था। जवानी में ही डॉक्टरों ने विजय को खूब समझाया था कि सिगरेट छोड़ दे, परन्तु उसने एक न सुनी। जवानी में तो स्टाइल मारने के चक्कर में शुरू की, फिर कभी गम के नाम पर और कभी खुशी के नाम पर सिगरेट पीना शुरू हो गया। जब भी पीते तो यही

कहते – ''यह मेरी आदत नहीं है। बस, यूँ ही पी रहा हूँ, जब चाहूँगा छोड़ दूँगा'' और धीरे-धीरे वही सिगरेट जानलेवा बन गयी। यह कमबख्त स्टाइल पता नहीं कब आदत बन जाती है। समझ में नहीं आता कि यह सिगरेट और शराब आदमी पीता है या यह आदमी को पीती है।

कई रातें तो विजय की बैठे-बैठे कराहते हुए ही निकल जातीं, क्योंकि लेटने से तो चैन ही नहीं आता था।

जवानी के साल ज्यादा होते हैं, परन्तु पता ही नहीं चलते कहाँ निकल गये। इसलिए दिन बहुत छोटे लगते हैं, लेकिन बुढ़ापे के साल कम होते हैं, परन्तु काटे नहीं कटते, इसलिए एक-एक दिन भारी लगता है।

बीस साल से साठ साल तक कमाई में, कामों में, विषय-भोगों में, एन्जॉय और एन्टरटेनमेंट के नाम पर दिन का समय हमेशा कम ही पड़ता है। दिन छोटा ही लगता है। वक्त कब और कहाँ निकल जाता है, पता ही नहीं चलता है। जवानी इतनी बड़ी होने के बावजूद पलक झपकते ही बीत जाती है। मजे की बात यह है कि पता भी नहीं चलता है कि यह कब बीत गयी। साठ साल से पिचहत्तर-अस्सी साल तक कुछ काम दिखाई नहीं देता है या काम के नहीं रहते, बीमारियाँ घेर लेती हैं, इन्द्रियाँ कमजोर हो जाती हैं, दिमाग भी सठिया जाता है, परिवार वालों से अपेक्षाएँ बढ़ जाती हैं, प्रति समय प्रतिकूलता ही लगती है, मृत्यु का भय भी सताता रहता है, इसीलिए चौबीस घंटों का दिन न जाने कितना बड़ा लगता है। बुढ़ापा काटे नहीं कटता, जब तक जीवन का कोई आध्यात्मिक मिशन न हो।

राजा की आज की रात भी बैठे-बैठे ही कट रही थी। कभी-कभी आँखें भारी होतीं तो बीच-बीच में एकाध झपकी आ जाती, फिर खाँसी की आवाज से आँख खुल जाती, पापा को पानी देता, उनींदी हालत में पीठ पर हाथ फेरता।

पापा कहते ''राजा, सो जा बेटा! यह तो ऐसे ही चलता रहेगा, तू क्यों जागता है।''

''सो जाऊँगा'' राजा रटा-रटाया जवाब दे देता।

"मेरी तबीयत ठीक है बेटा!"

"कोई बात नहीं, थोड़ी देर और...."

"तुझे सुबह जाना भी तो है।"

"तो चला जाऊँगा।"

राजा को ऐसे सेवा करते देखकर विजय की आँखों में आँसू आ गये। अपने को भाग्यशाली मानते हुए विजय की न जाने कब आँख लग गयी। राजा ने हलके से चादर ओढ़ाई और लाइट बंदकर अपने कमरे में चला गया।

राजा सोच रहा था कि अब कैसे पता करूँ चेतन का? क्या यह अच्छा रहेगा कि मिस कॉल दूँ या एसएमएस करके पूछूँ? उसे कहीं बुरा तो नहीं लगेगा? अभी करूँ या बाद में करूँ? कौन-सा समय ठीक रहेगा? अब कैसे मिलूँ? कब मिलूँ? या न मिलूँ? क्या एटीकेट्स रहेंगे?

घबराहट एवं डर उसकी सोच व डिसीजन को गाइड कर रहे थे।

सोचते-सोचते न जाने राजा कब खर्राटे लेने लगा।

राजा ने मजबूरी में एम.बी.ए. में एडमीशन तो ले लिया था, परन्तु उसे पढ़ना ज्यादा सुहाता नहीं था, लेकिन कुछ तो करना ही था। उन दिनों एम.बी.ए. का फैशन भी चल रहा था। कभी-कभी योग्यता या रुचि की जगह दोस्तों या फैशन के कारण अपनी जिन्दगी का निर्णय ले लिया जाता है।

कॉलेज में राजा के कुछ दोस्त तो स्कूल वाले ही थे। उन्हीं से थोड़ी-बहुत दोस्ती थी, नये लड़कों से तो बात करने का मतलब ही नहीं था या यों कहें कि दोस्ती करने की हिम्मत ही नहीं थी।

स्कूल के लड़के-लड़कियों का एक ग्रुप बन गया था। जवान लड़के-लड़कियाँ ग्रुप में वह सब कर लेते हैं, जो अकेले में सोच भी नहीं सकते। न जाने कितनी नैगेटिव सिनर्जी बन जाती है। कई बार इस समय की गई करतूतें इतनी घातक बन जाती हैं कि जीवन भर उसकी कीमत चुकानी पड़ती है।

इस हुक्का कल्चर के बच्चे अपने आप को अप टू डेट समझते हैं और दूसरों को बेवकूफ।

''फिंगर टच दुनिया'' में जीते-जीते, जवानी के जोश का नशा इतना

चढ़ जाता है कि इन्हें किसी की जरूरत ही महसूस नहीं होती, जबकि उन्हें बचपन में माँ-बाप की उँगली की आवश्यकता होती है व बुढ़ापे में बच्चों की लाठी की। आश्चर्य की बात तो यह है कि वे इन दोनों अवस्थाओं के बीच में इसे याद भी नहीं रख पाते और जब कुछ समझ पाते हैं, तब तक देर हो जाती है।

वास्तव में तो जवानी जज्बा है, जुनून है, जोश है, सपना है, तमन्ना है, साहस है, आत्मविश्वास है, उन्नति है, पर यदि जवानी का नशा चढ़ जाये तो यह वासना है, गुरूर है, निर्दयता है, कामचोरी है, भटकाव है, कुसंगति है, पशुता है। इसलिए जवानी होनी चाहिए, पर जवानी का नशा नहीं होना चाहिए, पर जवानों को उनकी जवानी में कौन समझाए। जो समझाए, वही नासमझ का ठप्पा अपने ऊपर लगवाए।

राजा का सूनापन दिन-प्रतिदिन बढ़ता ही जा रहा था, अकेलापन डराये जा रहा था, आत्मविश्वास प्रायः समाप्त होता जा रहा था, भविष्य के प्रति अंधकार गहराता जा रहा था, अघोषित डर खाए जा रहा था, अपने ऊपर विश्वास मानो था ही नहीं। ऐसे में किसी दोस्त ने सहज मजाक में या चुहलबाजी में कुछ कह दिया तो राजा पर तो मानो चट्टान ही गिर जाती। राजा की हालत ऐसी हो रही थी, जैसे घनघोर जंगल में एक दिशाहीन पथिक को सुहानी हवा की आवाजें ही डराने लगती हैं, चिड़ियों का मधुर कलरव ही काटने को दौड़ता है, हर खूबसूरत पत्ता अपने अस्तित्व का ज्ञान कराता रहता है, ऐसे में उसे अपनी परछाईं ही खाने को फिरती है।

कॉलेज में राजा दोस्तों का टार्गेट बन जाता। दोस्तों को काम ही यही होता है कि किसी एक को कमजोर समझकर उसे अपने एन्टरटेनमेंट का साधन बना लेते हैं। जब भी राजा इनके चंगुल से अलग होता और उस लाल स्कर्ट वाली का ख्याल आता तो कुछ-कुछ अजीब-सा महसूस करने लगता, परन्तु उसमें हिम्मत ही कहाँ थी कि उसे फोन लगाये या मिले, परन्तु मन के लड्डू जरूर फोड़ लेता।

गर्मी बहुत तेज थी। धरती तप रही थी, राजा तेजी से भागता हुआ कॉलेज की लॉबी में पहुँचा तो उसकी नजर नोटिस बोर्ड पर लगे एक

पोस्टर पर पड़ी। अचानक चीख निकल गयी– "यह क्या चेतन!" पास आकर देखा तो पता चला कि चेतन की एक वर्कशॉप उसी के कॉलेज में है, जिसका रजिस्ट्रेशन करवाना जरूरी है। राजा को उछलने के लिए बल्लियाँ भी कम पड़ने लगीं।

"अब तो परसों मिल ही लूँगा चेतन से" राजा अपने आपसे ही बड़बड़ाया। वह अति उत्साहित था, गुनगुनाता हुआ कैंटीन की ओर मुड़ गया, वहाँ कमल से टकरा गया।

"अरे कमल! तुझे पता है, परसों कॉलेज में चेतन आ रहा है" अति उत्साहित होकर राजा बोला।

"हाँ! हाँ!! मुझे पता है।" कमल भी प्रसन्नता से बोला।

"तूने रजिस्ट्रेशन करवा लिया?"

"नहीं, अब करवाऊँगा।"

"अरे यार! होगा क्या?" राजा ने पूछा।

"चेतन तो कमाल है भाई! मैंने उसके आर्टिकल पढ़े हैं, उसकी बात सीधे दिल में उतर जाती है। वह पढ़ी हुई बातें नहीं करता।"

इनकी बातें सुनकर अजित भी अपनी चाय लेकर राजा की टेबल पर आ गया। कमल अपनी बात आगे बढ़ाते हुए बोला–

"तुम्हें मालूम है राजा! इंजीनियरिंग में वे टीचर पुल बनाना सिखाते हैं, जिन्होंने कभी पुल बनाया ही नहीं, मैनेजमेंट वे सिखाते हैं, जिन्होंने कभी मैनेजमेंट किया ही नहीं और अकाउन्टिंग वे पढ़ाते हैं, जिन्होंने कभी किसी के अकाउन्ट्स बनाये ही नहीं, इसलिए उनका ज्ञान व्यावहारिक कम, सैद्धांतिक ज्यादा होता है।"

"क्या पढ़ाई का सीधा सम्बन्ध जीवन की सफलता से है?" राजा ने पूछा।

कमल बोला– "नहीं, मुझे लगता है, पूरा नहीं। बस, सहारा है। अगर ऐसा होता तो सारे पढ़ने वाले अमीर होते, परन्तु दिखता तो बिल्कुल उलटा ही है।"

"तो क्या पढ़ाई की जरूरत नहीं है?" राजा बोला।

"नहीं, जरूरी तो है, पर उसके साथ-साथ बहुत कुछ और भी जरूरी है। अकेले पढ़ाई से कुछ होने वाला नहीं है और ना ही पढ़ाई के बिना ही कुछ होने वाला है।"

इतने में अजित बोला – "यह तो चेतन से ही सुन लेंगे, तू तो चेतन के बारे में बता।"

सभी जानते थे कि अजित का तो मानो तकियाकलाम ही यही बन गया था- "यह काम कैसे होगा? मुश्किल है, मैं नहीं कर सकता।" उसे तो हर काम में नुक्स ही नजर आता, सिवाय फेसबुक पर स्क्रेप-स्क्रेप खेलने के।

फिर भी उसकी जिद पर कमल ने चेतन की जो थोड़ी-बहुत स्टोरी पढ़ी थी, उसे बताना शुरू किया –

चेतन निम्न मध्यमवर्गीय परिवार में पैदा हुआ था, परन्तु आज उसने अपने सपनों को साकार कर लिया है। हर उस मुकाम को हासिल कर लिया है, जिसकी हर इन्सान को तमन्ना रहती है। चेतन की उम्र ही क्या है! अभी चालीस वर्ष का ही तो है। नाम, इज्जत, प्रतिष्ठा, दौलत तो बहुतों को मिल जाती है, परन्तु चेतन को तो लोग अपना आइडल मानते हैं, आदर्श मानते हैं, उसके जैसा बनने की तमन्ना रखते हैं।

जब भी तुम उसे देखोगे वह तो बड़ा शांत, प्रसन्न एवं कूल ही दिखाई देगा।

चेतन के लेख देश की जानी-मानी पत्र-पत्रिकाओं में निरंतर छपते रहते हैं। जिस इश्यू में उसके लेख छपते हैं उस मैगजीन का सर्कुलेशन अचानक बढ़ जाता है। जिस टी.वी. चैनल पर उसका इण्टरव्यू आता है, उसकी टीआरपी बढ़ जाती है।

चेतन ना जाने कितने लोगों का गुरु है, परन्तु लाखों लोग अप्रत्यक्ष रूप से उसे गुरु, मेंटर मानते हैं, उसे दिल से चाहते हैं, प्यार करते हैं। चेतन अब बड़ा बिजनेसमैन, इण्डस्ट्रियलिस्ट होने के साथ-साथ किसी सेलेब्रिटी से कम नहीं है। अधेड़ और बुजुर्ग भी उसे उतना ही पसंद करते

हैं, क्योंकि वह आध्यात्मिक भी कम नहीं है।

इतना होने के बावजूद भी चेतन बड़ा ही सामान्य जीवन व्यतीत करता है। वह कहीं भी, कभी भी चला जाता हैं, परन्तु जहाँ खड़ा होता हैं लोग उसे घेर लेते हैं। लड़के-लड़कियाँ इकट्ठे हो जाते हैं, फोटो सेशन शुरू हो जाता हैं, ऑटोग्राफ की लाइन लग जाती हैं। चेतन इन सभी के साथ इंज्वॉय ही करता हैं, इनसे छूटने की कोशिश नहीं करता हैं, जैसा कि अक्सर सेलेब्रिटी करते हैं।

कमल की बातों से ऐसा लग रहा था कि वह भी चेतन का बहुत बड़ा फेन था।

वे तीनों अपनी बातों में इतने मग्न थे कि लोहे की केन्टीन की कुर्सियों के खिसकाने की कर्कश आवाजें भी उन्हें डिस्टर्ब नहीं कर पा रही थी।

बड़ी चहल-पहल थी। पूरे परिसर में चेतन के बैनर लगे हुए थे। ऑडिटोरियम के बाहर चेतन का आदमकद कटआउट लगा था। हर एक की जुबान पर किसी न किसी रूप में चेतन का ही नाम था।

दरवाजे खुले और सारी भीड़ अंदर की ओर एक साथ लपक ली। रोशनी से नहाया हुआ स्टेज पूरी तरह सजा हुआ था। लाइट म्यूज़िक बज रहा था। भीड़ अपने लिए आगे की सीट पकड़ने दौड़ रही थी। राजा को आगे से तीसरे नम्बर की लाइन में सेंटर की कुर्सी मिल ही गयी।

राइट टाइम पर स्टेज की रोशनी अचानक बढ़ गयी और स्टेज से किसी ने पूरे जोश-खरोश के साथ ढेरों भारी-भरकम विशेषण लगाकर चेतन को इनवाइट किया।

चमचमाती रंगीन लाइटों, थिरकने वाले तेज संगीत एवं फोलो लाइट के साथ जैसे ही चेतन स्टेज पर प्रकट हुआ तो पूरा ऑडिटोरियम तालियों की गड़गड़ाहट एवं शोर के साथ गूँज उठा।

चेतन के आते ही मानो तरंगें उठने लगीं।

उसका पहला वाक्य था – ''आप एक जादूगर हैं, क्योंकि आप जिन्दगी में वह सब हासिल कर सकते हैं, जो आप चाहते हैं।''

ऑडिटोरियम स्तब्ध रह गया! अरे यह क्या!! सारे लोग आँख गढ़ाये अपनी कुर्सी से थोड़ा आगे खिसककर बैठ गये।

चेतन ने आगे बढ़ते हुए बोलना शुरू किया - "जो आप चाहते हैं, उसे पहले सोचना तो पड़ेगा और समस्या यह है कि हम सोचने से ही डरते हैं। सोचो, बिना किसी पूर्वाग्रह के सोचो। सोचो, कैसी जिन्दगी चाहते हो? सोचो कैसा बनना चाहते हो? सोचो, क्या अच्छा लगता है? सोचो, कैसी जिन्दगी आकर्षित करती है? सोचो, वह सब जिसके सोचने मात्र से तुम्हारे शरीर के रोंगटे खड़े हो जाते हैं, रूह काँप जाती, तुम्हारी आँखें भर जाती हैं। बस, यही सपना है तुम्हारा।

सपना वह है जो बैठने ही न दे, सपना वह है जो चैन ही न लेने दे। सपना वह नहीं जो सोते वक्त आये, बल्कि सपना वह है जो सोने ही न दे। सपना वह है जिसके सामने कोई मुसीबत, मुसीबत ही न लगे, सारी मुसीबतें स्वतः ही ढेर हो जायें।

सपने का मतलब होता है एक लक्ष्य, एक गोल, एक टारगेट, आपके जीवन की आवश्यकता। आप जो भी चाहते हैं, वह सब। मजे की बात तो यह है कि जितने लोग, जो भी काम कर रहे हैं, वे सब सपनों के लिए ही काम कर रहे हैं। यह तो निश्चित है कि दुनिया में जो भी काम हो रहा है, वह सब सपनों के लिए ही हो रहा है। यह अलग बात है कि आप अपने सपनों के लिए काम कर रहे हैं या किसी और के सपने पूरे करने के लिए।

सपना देखना एक कला है और जो सपना देखता है, वह कलाकार होता है। अब उसका काम अपनी कला को सिर्फ मूर्त रूप देना है। यही तो उसकी कलाकारी है।

क्या आप जानते हैं कि सपने की परिभाषा क्या है? चेतन ने पूरे ऑडिटोरियम से पूछा।

सभी चौकन्ने हो गए, क्योंकि लोगों ने अभी तक तो उन्हीं सपनों के बारे में सोचा था, जो रात की गहरी नींद में आते हैं और सुबह होते ही गायब हो जाते हैं। जिससे सपनों की बात करो, वही मजाक उड़ाता

है। अभी तक तो यही सुना था कि सपने कभी पूरे नहीं होते हैं, परन्तु आज चेतन सपने की परिभाषा भी बता रहा था। जो आज तक सुनी ही नहीं थी।

चेतन दो मिनिट का पॉज देकर तेज स्वर में बोला -

''वर्तमान में असंभव-सी दिखाई देने वाली चीज के बारे में सोचना, वह है सपना।''

इस दुनिया में असंभव कुछ भी नहीं है, क्योंकि इतिहास गवाह है जो आज असंभव दिखाई दे रहा है, वह कल संभव हो जाता है। जो कभी असंभव लगता था, वह आज संभव हो गया है। अगर चीजें असंभव ही थी तो बाद में संभव कैसे हुयी। इसलिये चीजें असंभव नहीं होती बस हमें असंभव-सी दिखाई देती हैं।

वर्तमान में जो असंभव दिखाई दे रहा है, वह संभव तभी होगा, जब उसके बारे में सोचना शुरू होगा। यदि सोचेंगे ही नहीं तो संभव होने की शुरुआत ही कैसे होगी? कोई भी चीज जो आज असंभव दिखाई दे रही है, वह निश्चित तौर पर संभव हो सकती है, यदि उसके बारे में सोच ही लिया जाये। बस, यह सोचना ही सपना है।

1962 में कैनेडी ने कहा था - ''हम अगले 10 सालों में इंसान को चाँद पर ले जायेंगे और उसे सुरक्षित वापस भी लाएँगे।''

चाँद पर जाना उस समय असंभव-सी दिखाई देने वाली चीज थी, परन्तु वास्तव में असम्भव था नहीं, क्योंकि यदि असम्भव होता तो बाद में सम्भव कैसे हुई? कैनेडी ने वर्तमान में असंभव-सी दिखाई देने वाली चीज के बारे में सोचा। वह बन गया उनका सपना और जब सपना बना तो पूरा भी हुआ।

टिम बर्नर्स ली ने इण्टरनेट के बारे में सोचा, जो उस समय असम्भव-सी दिखाई देने वाली चीज थी, परन्तु वास्तव में असंभव थी नहीं, क्योंकि यदि असंभव होती तो बाद में संभव कैसे हुई? टिम बर्नर्स ली ने वर्तमान में असंभव-सी दिखाई देने वाली चीज के बारे में सोचा। वह बन गया उनका सपना और जब सपना बना तो पूरा भी हुआ।

राइट ब्रदर्स ने किसी चीज के पक्षी की तरह हवा में उड़ने के बारे में सोचा, जो उस वक्त असंभव-सी दिखाई देने वाली चीज थी, परन्तु वास्तव में असंभव थी नहीं, क्योंकि यदि असंभव होती तो बाद में हवाई जहाज उड़ना संभव कैसे हुआ ? राइट ब्रदर्स ने वर्तमान में असंभव-सी दिखाई देने वाली चीज के बारे में जो सोचा, वह बन गया उनका सपना और जब सपना बना तो पूरा भी हुआ।

गाँधी जी ने स्वतंत्र भारत के बारे में सोचा, जो उस समय असंभव-सी दिखाई देने वाली बात थी, परन्तु वास्तव में असंभव थी नहीं, क्योंकि यदि असंभव होती तो बाद में भारत की स्वतंत्रता संभव कैसे हुई ? गाँधी जी ने वर्तमान में असंभव-सी दिखाई देने वाली चीज के बारे में सोचा। वह पहाड़ जैसा काम बन गया उनका सपना और जब सपना बना तो पूरा भी हुआ।

किसी ने पहले सोचा ही तो था कि हर हाथ में मोबाइल होना चाहिए, किसी ने पहले सोचा ही तो था कि कैंसर ठीक हो सकता है, किसी ने पहले सोचा ही तो था कि इंसान कपड़े पहन सकता है, किसी ने पहले सोचा ही तो था कि अमीर बना जा सकता है, किसी ने पहले सोचा ही तो था कि अध्यात्म के सहारे ही संसार के दुखों से मुक्ति हो सकती है।

आज तक जितने भी चमत्कारिक, ऐतिहासिक काम इस धरती पर हुए हैं, वे सभी असंभव-से दिखाई देने वाले काम तभी संभव हो पाए, जब किसी साहसी, जुनूनी, जाँबाज, व्यक्ति ने उसके बारे में सोचा।

जो व्यक्ति महान सोचता है, वही महान बन जाता है। जो बड़ा सोचता है, वह बड़ा बन जाता है। यह प्रकृति का नियम है।

करीब 102 साल पहले जेम्स एलन ने कहा था, "आप वही बनते हैं, जैसा आप सोचते हैं।" आप कभी भी अपनी सोच के आगे नहीं जा सकते।

समस्या तो यह है कि हम सोचते ही नहीं हैं। हमारी सोच आगे तक जा ही नहीं पाती, अपनी सीमाएँ हमने खुद ही बना रखी हैं। खुद को अपने ही द्वारा बनाये गये बंधनों में बाँध रखा है। खुद ही अपने को रोक

रखा है। यह सब हमारे ही द्वारा बनाये हुए बंधन हैं तो तोड़ने भी हमें ही पड़ेंगे, किसी और को नहीं।

''तोड़ दो इन सोच की सीमाओं को।'' चेतन ने जोर से हाथ हिलाते हुए हुंकार लगाई और लड़कों ने जोर से ताली बजाई।

अगर खिड़की से कबूतर आपके कमरे में घुस आये और अनजाने में आपने खिड़की बंद कर दी। कबूतर फड़फड़ाता हुआ बार-बार उसी खिड़की की तरफ जाता है और टकराकर वापस आ जाता है। थोड़ी देर बाद आपको पता चला कि कबूतर फँस गया है और अब आप खिड़की खोल भी देते हैं तो अब वह कबूतर एक तो उस खिड़की की तरफ जाता ही नहीं है और यदि चला भी जाये तो खिड़की तक जाकर वापस आ जाता है। बाहर निकलता ही नहीं है, क्योंकि अब कबूतर यह समझने लगा है कि मेरी सीमा यहीं तक है और मैं यहाँ से बाहर जा ही नहीं सकता। यदि कबूतर एक बार अपनी ही बनाई सीमाओं को तोड़ दे तो हमेशा-हमेशा के लिए खुले आसमान में विचरण कर सकता है।

हमारी हालत भी उसी कबूतर के जैसी है, इसलिए तोड़ दो अपनी सोच की सीमाओं को। सोचने का साहस समेटो। वह सोचो, जो सोचने में आज तक डरते थे। वह सोचो, जो तुम्हें अभी असंभव-सा दिखाई दे रहा है।

एक बार फिर चेतन ने माइक मुँह के पास लाकर दहाड़ लगाई।

तालियों से पूरा ऑडिटोरियम गूँज उठा। लड़कों में उत्साह बढ़ता जा रहा था। राजा बगुले की भाँति टकटकी लगाये चेतन को ही घूर रहा था। कभी-कभी अपनी डायरी में कुछ लिख भी लेता। चेतन भी माहौल को देखकर बड़ा ही उत्साहित हो रहा था कि अचानक उसे एक स्टोरी याद आ गई -

एक बाप-बेटे सौ ऊँटों का काफिला लेकर जा रहे थे। रोज रात जिस गाँव में वह काफिला रुकता, ऊँटों के गले में जंजीर बाँधकर खूँटे से बाँध देते थे। एक रात बेटा बोला - ''पिताजी, एक जंजीर और खूँटा नहीं मिल रहा है, क्या करूँ?'' पिता बहुत होशियार था, बोला - ''बेटा!

चिंता मत करो, एक ऊँट के गले पर ऐसे ही हाथ घुमा दो और दूसरे हाथ से जमीन में खूँटे की भाँति ऐसे ही ठोकने का नाटक कर लो।'' बेटे ने वैसे ही किया, ऊँट अपनी जगह बैठ गया।

सुबह काफिला चल पड़ा, थोड़ी देर बाद पिता ने सारे ऊँट गिने तो 99 ही निकले। बेटे से पूछा - ''एक ऊँट कहाँ खो गया?'' तीन-चार बार गिना, लेकिन 99 ही निकले। तब अचानक पिता ने पूछा - ''बेटा! उस 100 वें ऊँट को खोल लिया था क्या?''

बेटा - ''पिताजी! उसे बाँधा ही कब था जो खोलता।''

पिता - ''बेटा! बस, यही तो गलती की है तूने। वह ऊँट तो यही मान बैठा है कि मैं बँधा हूँ।''

जब लौटकर देखा तो ऊँट उसी जगह बैठा था। बेटे ने जैसे ही उसके गले पर से उल्टा हाथ घुमाया, ऊँट तुरन्त खड़ा हो गया। ऊँट बँधा नहीं था, वह तो स्वतंत्र था, लेकिन अपने को बँधा हुआ मान बैठा था, इसलिये बंधन में था।

कोई तुम्हें बाँध ही नहीं सकता, इसलिए बाहर के बंधनों को तोड़ना नहीं है, सिर्फ सोच के बंधन को ही तोड़ना है, हमारे सारे बंधन सिर्फ सोच में हैं।

बोलते-बोलते चेतन एक्साइटेड हो गया इसलिये स्टेज पर घूमते हुए बोलता जा रहा था।

जार्ज बर्नाड शॉ के शब्द उधार लेकर मैं कहता हूँ - ''कुछ लोग मौजूद चीजों को देखते हैं और पूछते हैं 'क्यों?' मैं उन चीजों के सपने देखता हूँ, जो कभी थी ही नहीं और पूछता हूँ कि 'क्यों नहीं?''

लोग 'कैसे' में ही अटक जाते हैं। कैसे होगा, ऐसे नहीं होगा, वैसे होगा, पर यह भूल ही जाते हैं कि इन सबसे ज्यादा जरूरी 'क्यों' है। यदि 'क्यों' स्पष्ट हो गया तो 'कैसे' तो हो ही जायेगा। जीतने के लिए 'क्यों' जरूरी है, 'कैसे' नहीं।

किसी भी चीज के दो भाग होते हैं, एक 'क्यों' और दूसरा 'कैसे' Why & How अगर तुम्हारा 'क्यों' एकदम स्पष्ट है तो 'कैसे' की चिंता

मत करो, वह अपने आप हो जायेगा। उसके लिए लोग भी मिल जायेंगे। रास्ते अपने आप निकल आयेंगे। 'क्यों' के लिए किसी प्रकार के स्किल की जरूरत नहीं होती है, स्किल की जरूरत 'कैसे' के लिए होती है।

दुख की बात है कि दुनिया के सभी इन्स्टीट्यूट में काम 'क्यों' करना है, यह नहीं पढ़ाया जाता है, वे तो सिर्फ यही पढ़ाते हैं कि कोई काम 'कैसे' किया जाता है।

चेतन ने जोर देकर कहा –

"जो लोग यह जानते हैं कि काम 'क्यों' करना है, वे उन लोगों को नौकरी पर रखते हैं, जो यह जानते हैं कि काम 'कैसे' होगा।"

इस तथ्य को समझाने के लिये चेतन आगे बोलता जा रहा था –

मेरे पास मेरा एक मित्र आया, जो किसी बड़ी मल्टीनेशनल कम्पनी में काम करता था। मैंने यूँ ही उससे कोई बात की तो वह बोला– "मेरे पास आजकल बिलकुल समय नहीं है।"

मैंने पूछा – "ऐसा क्या कर रहे हो भाई!"

उसने अपना विजिटिंग कार्ड मुझे दिया, मैंने उस कार्ड को गौर से देखा, उस पर लिखा था 2 by 10 मतलब उसकी कंपनी का ड्रीम था कि सन 2010 तक दुनिया की नम्बर 2 कंपनी बनना।

मैंने उससे कहा – "दोस्त, तुम्हारे मालिक ने एक सपना देखा और तुम जैसे लोग उसका सपना पूरा करने में इतने व्यस्त हो कि तुम्हें अपने सपने के बारे में सोचने की भी फुर्सत नहीं है। तुम्हारे मालिक का 'क्यों' बिलकुल स्पष्ट है और तुम उसके लिए 'कैसे' पर भाग रहे हो।"

बच्चा कैसे होता है, किसके शुक्राणु हैं, किसके अण्डाणु हैं, कौन, कैसे, कब, किससे मिलते हैं, उसकी क्या प्रक्रिया होती है। यह सब संतान सुख के लिए कतई जरूरी नहीं है। इसके लिए तो आपका संतान प्रेम ही चाहिए, बस। इसके विज्ञान को जानने की जरूरत नहीं है। संतान क्यों चाहिए, इतना दिमाग में स्पष्ट हो बस, 'कैसे' तो हो ही जायेगा।

आपका सपना तभी पूरा होता है, जब इसमें आपके कुछ इमोशन जुड़ जायें, भावनायें जुड़ जायें या यूँ कहें कि आपका ड्रीम इमोशनल

होना चाहिए। आपकी एक स्ट्रांग बर्निंग डिजायर होनी चाहिए।

असली ड्रीम वह नहीं होता जो मिल जाये तो ठीक, न मिले तो भी ठीक। यह तो मौका-परस्ती हो गई, कन्वीनियेन्स हो गयी है, यह ड्रीम तो सुपरफीशियल हो गया।

ड्रीम तभी पूरा हो सकता है, जब वह इमोशनल होगा। जब उससे भावनाएँ जुड़ी होंगी, एक दर्द जुड़ा होगा और आपको उस दर्द का अहसास होगा, तभी उस सपने में जुनून पैदा होगा और उसी जुनून से आपका ड्रीम एक फायर का रूप लेगा। तब आपका सपना एक मिशन बन जायेगा, फिर आप रेस के उस ताकतवर घोड़े की तरह पूरी ताकत से भागेंगे, जिसकी आँखों के दोनों ओर कवर (पट्टे) लगे होते हैं और जो दुनिया की परवाह किये बिना अपनी फिनिशिंग लाइन की ओर पूरी ताकत से अपने को झोंकता हुआ दौड़ता है।

इसी तरह आप भी अपनी मंजिल की ओर बिना रुकावट के, बिना बाधा के बढ़ेंगे, आप अनस्टॉपेबल हो जायेंगे। आपका एक्शन, मैसिव एक्शन में बदल जायेगा और आपके अंदर से आवाज आएगी – "अब कोई रोक सके तो रोक ले।"

बस, अब आपको आपके काम में आनंद आने लगेगा, आप उसे एन्जाय करेंगे। चारों तरफ का वातावरण आपके अनुकूल हो जायेगा, प्रकृति आपका साथ देगी और पूरी कायनात आपकी मंजिल हासिल करने के लिए जुट जायेगी।

यही जुनून तुम्हें अपने सपने पूरे करने के रास्ते में आने वाली हर चुनौती से निपटने की हिम्मत देगा।

बंदूक कितनी भी महँगी हो, बंदूक की गोली कितनी भी बड़ी हो, उससे कोई नहीं मरता, मरते तो बंदूक के फोर्स से हैं। कोरे सपनों से सपने पूरे नहीं होते हैं। सपने तो पूरे होते हैं, उसके पीछे होने वाले जुनून से, जुनून ही सपनों का फोर्स है।

ड्रीम से आपका दिली लगाव होना चाहिए। ड्रीम स्पष्ट (Specified) होना चाहिए, निश्चित होना चाहिए और उसमें कोई संदेह नहीं होना चाहिए।

जब ड्रीम पर उसे पूरा करने की तारीख डाल दी जाती है तो वह आपका लक्ष्य बन जाता है।

Dream + Date = Goal

डेट डालने का मतलब है कि आपने लक्ष्य को व्यवस्थित कर लिया। गोल डेट के बिना बनता नहीं है और गोल के बिना ड्रीम काम का होता नहीं है।

गोल का मतलब है कि आपने अपने ड्रीम को पूरा करने का डिटेल एक्शन प्लान तैयार कर लिया है। उसे व्यावहारिक जामा पहना दिया है एवं किस गति से काम करना है, यह भी निश्चित कर लिया है।

यदि गोल नहीं है तो सपना रात का सपना बन कर रह जाता है।

पर दुर्भाग्य यह है कि 97 प्रतिशत लोगों ने अपनी जिंदगी को फुटबॉल बना रखा है। जहाँ जिंदगी ले जाती है, वहाँ चल देते हैं। जिंदगी किस राह पर जा रही है, यह पता नहीं है। इस राह पर क्या कुछ मिलेगा, यह भी पता नहीं है। ये वे लोग हैं, जो वर्तमान में जो काम कर रहे हैं, उसे पसंद नहीं करते और जो पसंद करते हैं, वह कर नहीं रहे हैं। जो पसंद करते हैं, उसे करने की हिम्मत नहीं जुटा पाते, उसके बारे में सोचना तक नहीं चाहते। इनका भला कौन कर सकता है?

वास्तव में, लोग स्वयं ही जिंदगी में सफल होना नहीं चाहते। लोग खुद ही अपना दुश्मन है, दूसरों का एवं परिस्थितियों का तो सिर्फ बहाना बनाते हैं।

झुम्मन घोड़े पर जा रहा था। जालिम सिंह ने पूछा – "कहाँ जा रहे हो भाई?"

झुम्मन – "रामपुर।"

जालिम सिंह – "परन्तु यह रास्ता तो श्यामपुर जाता है। तुम इससे रामपुर नहीं पहुँच सकते रामपुर का रास्ता दूसरा है।"

झुम्मन – "मैं भी जानता हूँ, इतना बेवकूफ नहीं हूँ।"

जालिम सिंह – "तो फिर गलत रास्ते पर क्यों चल दिए?"

झुम्मन – "घोड़े से बहस करने से क्या फायदा? ये जहाँ चल दिया, मैं भी चल दिया।"

ऑडिटोरियम में हँसी का फव्वारा फूट पड़ा। चेतन को भी हँसी आ गयी।

सफल लोग सपने देखते हैं और उसके पीछे पड़ जाते हैं, जबकि असफल लोग सपना देखने से ही डरते हैं। यही फर्क है एक सफल और असफल व्यक्ति में।

लोगों की असफलता का एक कारण यह भी है कि लोग शुरुआत तो करते हैं, परन्तु बीच में ही हार मान लेते हैं और छोड़कर भाग जाते हैं, क्योंकि उनका ड्रीम भावनात्मक नहीं होता, स्पष्ट नहीं होता, व्यक्तिगत नहीं होता एवं ड्रीम गोल में परिवर्तित नहीं होता। इसलिए वे दुनिया के लिए मजाक का कारण भी बन जाते हैं।

वर्तमान में असंभव-सी दिखाई देने वाली चीज के बारे में जो सोचा, वह बन गया सपना। अब आप उसके पीछे पड़ जाओ और तब तक उसका पीछा मत छोड़ो, जब तक वह पूरा नहीं हो जाता।

तुम सिर्फ अपने सपनों के पीछे चलो, बाकी सब तुम्हारे पीछे चलेगा।

चेतन की इन अजब-गजब-सी बातों को सभी बड़ी गहराई से मन लगाकर सुन रहे थे। साथ ही, बीच-बीच में जोरदार तालियों से इन बातों में अपनी सहमति भी जता रहे थे।

अब ध्यान से सुनिए, चेतन ने जोर देकर कहा और स्टेज से नीचे उतर कर ऑडियेन्स के बीच आ गया।

1. जो लोग कभी सपना ही नहीं देखते हैं, वे भटकने वाले होते हैं, क्योंकि उनके पास कोई मंजिल ही नहीं होती है।
2. जो लोग सपना तो देखते हैं, परन्तु अपनी दम पर पूरा करने की कोशिश नहीं करते, वे भगोड़े होते हैं।
3. जो सपना तो देखते हैं, पर विघ्नों के भय से काम की शुरुआत ही नहीं करते, वे बुझदिल होते हैं।
4. जो लोग खुद तो सपना देखते ही नहीं हैं, परन्तु दूसरों का भी सपना चुरा लेते हैं और उनका सपना पूरा न हो, इसकी नाकाम कोशिश करते हैं, वे निकृष्ट लोग होते हैं।

5. जो सपना तो देखते हैं और उसे पूरा करने के लिए जुनून से उसका पीछा भी करते हैं, वे सफल लोग होते हैं।

6 जो लोग सपना तो देखते हैं और उसे पूरा करने के लिए जुनून से उसका पीछा भी करते हैं। साथ ही, दूसरे लोगों को भी उनका सपना पूरा करने में उनकी मदद करते हैं, वे महान लोग होते हैं।

दोस्तो! आपका सपना चुराने वाले लोग आपको कदम-कदम पर मिल जायेंगे, उनसे बच कर रहना। वे खुद तो सफल होते ही नहीं हैं और तुम्हें भी सफल होते हुए देखना नहीं चाहते हैं। वे आपका मजाक उड़ायेंगे, आप पर हँसेंगे और अगर आपने उनकी हँसी के कारण अपना सपना छोड़ दिया तो समझ लेना उन असफल लोगों ने तुम्हारा सपना चुपके से चुरा लिया और आपको पता भी नहीं चला और न चाहते हुए भी आप उनकी जमात में शामिल हो गये।

इतिहास गवाह है, यह दुनिया जिस-जिस पर हँसी है, उसी ने इतिहास रचा है।

मेरे भाई! यह हो ही नहीं सकता कि सफलता को हँसी और तिरस्कार के दौर से गुजरना न पड़े।

चेतन आक्रमक स्वर में बोला - "बताइये एक भी नाम जो शिखर पर पहुँचा हो उसे हँसी और तिस्कार से गुजरना न पड़ा हो?"

पर हम अपना आधा वक्त तो इसी में गुजार देते हैं कि सामने वाला मेरे बारे में क्या सोच रहा है?

हम जो सोचते हैं, वह तो सोचते ही हैं, पर सामने वाला क्या सोचता है? यह भी हम सोचते हैं और अपने मनगढ़ंत विचारों की गठरी बाँधते रहते हैं।

प्रतिभा सम्पन्न लोग हमेशा अपने समय से आगे होते हैं। समकालीन लोग उन्हें पहचान नहीं पाते, अतः विरोध करते हैं। इतिहास जब उन्हें पहचानता है, तब दुनिया का सिर उनके प्रति श्रद्धा से नतमस्तक हो जाता है।

आप दुनिया के किसी भी महापुरुष, संत या सफल लोगों के

इतिहास को पढ़ लीजिए। इस दुनिया ने किसी को नहीं छोड़ा। दुनिया अगर आप पर हँस रही है तो चिंता मत कीजिए। आप महान व्यक्ति बनने जा रहे हैं। आप में महान बनने की शक्ति है, आप कर सकते हैं। मुझे यह विश्वास है, पर सपनों के चोरों से सावधान रहना।

लोगों की जोरदार तालियों की गड़गड़ाहट एवं लोगों की आँखों में विश्वास दिखाई देने लगा।

चेतन ने तेज स्वर में बोलता जा रहा था –

दूसरे क्या कहेंगे, इसकी चिन्ता करना बंद कर दो, अपने क्या कहेंगे, इसकी चिन्ता करो, क्योंकि दूसरों ने तुम्हारे लिए कोई कीमत नहीं चुकाई है, सिर्फ अपनों ने ही अपनों के लिए कीमत चुकाई है और चुकाते आ रहे हैं। जो कहने वाले हैं, वह अपने नहीं होते हैं और अपने कहते नहीं हैं। हम अपनों को छोड़कर उनकी चिन्ता करते हैं, जो अपने हैं ही नहीं और हुए भी नहीं।

हम उनके लिए दुखी होते हैं, जो हमारी परवाह नहीं करते। हम उनकी परवाह करते हैं, जो हमारे लिए कभी दुखी नहीं होते और हम उन्हें दुखी करते हैं, जो हमारी परवाह करते हैं।

राजा को लगा कि यह बात चेतन सिर्फ उसी से कह रहा है।

अगर किसी की हँसी के कारण तुमने अपना सपना छोड़ दिया तो इसका मतलब यह है कि तुम्हारा सपना उसकी हँसी से भी कमजोर था। तुम्हारी जिंदगी वह आदमी ड्राइव कर रहा है, जो आज तक दूसरों पर हँसने के अलावा कुछ नहीं कर पाया। इसका मतलब आपने अपनी इस खूबसूरत और अनमोल जिंदगी की बागडोर किसी गैर आदमी के हाथों में सौप दी है।

सफल व्यक्ति अपना निर्णय स्वयं लेते हैं और असफल व्यक्ति जनमत से निर्णय लेते हैं।

जनमत पर निर्णय लोगे तो भीड़ में ही शामिल रहोगे, अपना निर्णय स्वयं लोगे तो भीड़ से निकल जाओगे।

एक बात याद रखना – हम सलाह किससे ले रहे हैं? हमें अपने

सलाहकारों को पहचानना होगा। अक्सर हम शादी करने की सलाह कुँआरों से, बीमारी की सलाह नीम-हकीमों से, कमाई की सलाह फक्कड़ों से लेते हैं और अपनी जिन्दगी का निर्णय कर लेते हैं।

तुम उस दिन का इंतजार करो, जब आज तुम पर हँसने वाले कल तुम्हारे गीत गाते मिल जायेंगे। वे लोग ही तुमसे ही कहेंगे "हम तो जानते ही थे कि तुम कर जाओगे।"

गजब की बात देखो, पहले इंसान सपने बनाता है, फिर वही सपना इंसान को बनाता है।

तालियाँ तो रुकने का नाम ही नहीं ले रही थीं, चेतन को हाथ का इशारा करके मुश्किल से रोकना पड़ा।

टी ब्रेक हो गया, अति उत्साहित माहौल में लड़के-लड़कियाँ आपस में बतियाते हुए बाहर निकल गए, परन्तु राजा टस से मस नहीं हुआ। उसकी समझ में कुछ नहीं आ रहा था। वह असमंजस में था, क्योंकि आज तक जो सुना था, वह इससे बिलकुल उलटा था। बड़े सपने मत देखो, वह कभी पूरे नहीं होते हैं, स्कूल में भी दीवारों पर भी यही लिखा देखा था - 'उतने पैर पसारिये, जितनी चादर होय।' घर वाले भी यही कहते थे। अपनी औकात में रहो। तुम अधिक कुछ नहीं कर सकते। यह मत करो, वह मत करो। बड़ी-बड़ी बातें मत करो, जबकि चेतन तो सब कुछ उलटा-उलटा ही बता रहा है।

राजा इसी गुत्थी में उलझा था। राजा के चेहरे पर मिश्रित भाव आ रहे थे। वह समझना चाहता था, परन्तु समझ नहीं पा रहा था। उसके दिमाग में ज्वार-भाटा चल रहा था कि अचानक पीछे से किसी ने कंधे पर हाथ रख दिया। राजा चौंक गया, हड़बड़ाकर पीछे देखा तो कमल मुस्करा रहा था। चुटकी भरते हुए राजा को बाहर चाय पीने ले गया।

पूरा माहौल ही बदल गया था। लड़के-लड़कियाँ आपस में एक-दूसरे से अपने नोट्स शेयर कर रहे थे। कुछ तो अपने सपने बताने का साहस भी कर रहे थे।

"कमल, बात कुछ अटपटी-सी है ना!" राजा ने असमंजस से कहा।

"एक ऑडिनरी और एक्स्ट्रा ऑडिनरी में यही फर्क तो है।" कमल बोला।

"पर...........!" राजा का फिर असमंजस से भरा स्वर निकला।

"पर क्या?"

"कुछ नहीं........" अपने आपको संतुष्ट करने की कोशिश करते हुए राजा ने जवाब दिया।

इतने में समय समाप्त हो गया। कुछ चाय पी पाये, कुछ नहीं पी पाये। बैक स्टेज से आवाज आई- अब मैं फिर एक बार आमंत्रित कर रहा हूँ उस शख्स को जिसने लाखों लोगों के जीवन को बदलने में उनकी मदद की है, उनकी जिंदगी में कलर भरे हैं। वह और कोई नहीं, चेतन।

भरपूर तालियों की गड़गड़ाहट के बीच चेतन एक बार फिर स्टेज पर था। उसके स्वागत के लिए तालियों की गूँज इस बार पहले से कुछ ज्यादा थी। चेतन ने अपनी फाइल पोडियम पर रखी और अपने फॉम में आ गया।

किसी भी काम में जीत तभी होती है, जब उस काम को करने की वजह बहुत स्ट्रोंग हो, कारण स्पष्ट हो एवं वह आपके लिए अति आवश्यक हो, जीवन-मरण का प्रश्न हो।

एक बड़ा मोटा कुत्ता छोटे-से, प्यारे-से खरगोश के पीछे दौड़ पड़ा, कुत्ते को आते देखकर खरगोश सिर पर पैर रखकर भागा। कुत्ते ने तेजी पकड़ ली। दोनों में दूरी मीटरों की नहीं, फुटों की रह गयी, परन्तु खरगोश भी बिजली की तरह दौड़ रहा था। दौड़ते-दौड़ते खरगोश एक गहरे गड्ढे में घुस गया, जिसमें कुत्ता नहीं जा सकता था, परन्तु खरगोश को देख सकता था। खरगोश भी कुत्ते को देख सकता था। कुत्ते ने हाँफते-हाँफते खरगोश से पूछा -

"तुम इतना तेज कैसे दौड़ गए? मैं तुम्हें पकड़ भी नहीं पाया, यह कैसे हुआ?"

तब खरगोश ने आँखें मटकाते हुए कहा - "कुत्ते भाई! तुम लंच के लिए दौड़ रहे थे और मैं लाइफ के लिए दौड़ रहा था।"

तालियों के बीच कुछ लोगों के मुँह से निकला 'वाह'।

फिर चेतन ने मार्कर उठाया और व्हाइट बोर्ड पर लिखना शुरू किया-

सफलता के लिए क्या-क्या चाहिए ? चेतन बोलता भी गया और स्वयं लिखता भी गया -

①	अपने आप पर भरोसा Faith on our self
②	सपना Dream
③	दूरदृष्टि Vision
④	कार्य करने की फोर्स Driving force
⑤	प्राथमिकतायें निर्धारित करना Set the priority
⑥	तुरन्त एवं तेजी से कार्य करने की इच्छा Sense of urgency
⑦	जुनून Passion
⑧	समर्पण Dedication
⑨	निरन्तरता Consistency

दोस्तो! इन सबका स्रोत (Source) क्या है? ये सब किससे पैदा होते हैं? इन सब के लिए क्या चाहिए?

हॉल में चुप्पी छा गयी। सब एक-दूसरे का मुँह देखने लगे।

तभी चेतन जोर से बोला - ड्रीम, सिर्फ ड्रीम, हाँ ड्रीम। ड्रीम ही इन सब का ड्राइविंग फोर्स है, इनका जनक है। यदि ड्रीम ही नहीं है तो यह सब होना नामुमकिन है। यदि स्ट्रोंग ड्रीम है तो ये सब तो पीछे-पीछे अपने आप ही तुम्हें ढूँढते हुए आ जायेंगे।

सफलता के लिए आपको अपने आप पर भरोसा रखना है कि आप कर सकते हैं। यदि आपके पास एक स्ट्रोंग बर्निंग डिज़ायर है, एक बड़ा शक्तिशाली ड्रीम है, तो विजन तो स्वतः ही होगा। यही ड्रीम आपको दौड़ायेगा, आपकी मंजिल तक पहुँचने के लिए, यही ड्रीम आपको ऊर्जा देगा। इसी ड्रीम से आपको यह पता चलेगा कि मेरे लिए कौन-सा काम महत्त्वपूर्ण है और कौन-सा अति आवश्यक। आपकी जीवन की जो प्रायोरिटी होगी, स्ट्रोंग बर्निंग डिज़ायर के ही कारण आप उसे बिना समय गँवाए पूरा कर सकेंगे। आपको सेंस ऑफ अरजेन्सी होगी, क्योंकि समय कम होने के साथ-साथ बहुमूल्य भी है। आपके पास उसे पूरा करने की एक डेड लाइन होगी। इससे जुनून पैदा होगा, अपने कार्य के प्रति समर्पण होगा।

साथ ही आप उस कार्य को निरन्तरता के साथ बिना किसी व्यवधान के कर सकेंगे। इसी ड्रीम के कारण आपका एक्शन मैसिव एक्शन में बदल जायेगा और फिर आपके अंदर से एक आवाज आयेगी- ''कोई रोक सके तो रोक ले'' और देखते ही देखते मंजिल आपके कदमों में होगी।

हॉबी के लिए किया गया काम इच्छित रिजल्ट नहीं देता है, बल्कि सपनों के लिए किया गया काम ही रिजल्ट देता है।

हॉबी से क्रिकेट खेलने वाले खिलाड़ी नहीं बनते, हॉबी से पेंटिंग बनाने वाले पेंटर नहीं बनते और न ही हॉबी से संगीत बजाने वाले संगीतकार ही बनते हैं।

सबसे पहले अपने आप पर विश्वास करो। आप दुनिया में वह सब कर सकते हैं, जो आप चाहते हैं। ऐसा कुछ भी अनहोना नहीं है जो आप न कर सकें। बस, आपको अपने आप पर विश्वास करना होगा। जो सपना आपने देखा है, जो आप पाना चाहते हैं, जो आपका लक्ष्य है, उस पर विश्वास करना होगा कि 'यह संभव है।'

जीवन अनंत संभावनाओं से भरा है। जीवन का मतलब अनंत संभावनायें हैं। बस, तुम्हें उन्हें एक्सप्लोर करना, उन्हीं अनंत संभावनाओं में से अपने लिए नयी संभावनायें खोजनी होंगी। उन सभी संभावनाओं के बारे में सोचना होगा, जिन्हें आज तक सोचने में डरते थे। यहीं से तुम अपने लिए नया कुछ भी क्रियेट कर सकते हो।

''संभावनाओं की दुनिया में जीना होगा भाई!''

आप जानते हैं, इस दुनिया में प्रकृति की सबसे महान कृति इंसान है। जरा सोचो, यह इंसान कैसे बना?

सबसे पहले माँ को यह विश्वास है, पक्का विश्वास है कि वह माँ बन सकती है। फिर वह एक सुन्दर से बच्चे का सपना देखती है, फिर उसे कन्सीव करती है। जब बच्चा कन्सीव हो जाता है, फिर उस कन्सीव पर बिलीव करती है, विश्वास करती है। बस, अब माँ का काम खत्म हो जाता है, बाकी सारा काम तो प्रकृति करती है।

दोस्तो! सबसे पहले अपने आप पर बिलीव करो, विश्वास करो, फिर एक सपना देखो, उस सपने को अपने अंदर कन्सीव करो, फिर उस कन्सीव किये हुए सपने पर विश्वास करो। बस, फिर सारा काम प्रकृति करती है।

जब आपका ड्रीम कन्सीव हो गया तो जुनून अपने आप आ जायेगा, जुनून आएगा तो आपका Action, Massive action बन जाएगा और सपना पूरा हो जायेगा।

कुछ पाने के लिए जुनून चाहिए, यह सोचकर कभी जुनून पैदा नहीं होता है, बल्कि दिल में कुछ पा लिया जाता है, तब जुनून दौड़ा चला आता है, इसलिए अपने सपने को जियो।

ध्यान रखना, माँ सही ढंग से कन्सीव नहीं कर पाती तो मिसकैरियेज हो जाता है। इसी तरह यदि सपना सही ढंग से कन्सीव नहीं हुआ तो मिसकैरियेज हो जायेगा।

अपने सपने पर विश्वास करो एवं उसे प्रति पल जियो, जैसे गर्भवती माँ अपने बच्चे के सपने को प्रतिपल जीती है।

जैसे ही बच्चा गर्भ में आता है तो माँ एक सुन्दर से बच्चे का फोटो घर में लगा देती है। उस पर तारीख भी डाल देती है और उस फोटो को अपनी नजरों से हटने नहीं देती है। उस नन्हें-मुन्ने आगन्तुक मेहमान की किलकारियों की कल्पना करती रहती है। जब वह थककर 10 मिनट पलंग पर लेटती है और फोटो देखती है तो अपने होने वाले बच्चे की बाल क्रीड़ाओं के बारे में सोचते-सोचते आनन्दित होती रहती है। उस समय उसकी प्रसव काल के दौरान होने वाली सारी पीड़ा काफूर हो जाती है और वह आनंद से भर जाती है। बस, वैसे ही अपने सपनों का फोटो अपने घर में चिपका दीजिए। हर उस जगह लगा दीजिए, जहाँ तुम्हें वह बार-बार दिखाई दे। उस पर हासिल करने की तारीख भी डाल दीजिए। सपने को प्राप्त करने की इस प्रक्रिया में आने वाले सारे चैलेंज और परेशानियाँ उस सपने के चित्र मात्र देखते ही काफूर हो जायेंगे। फिर देखना, आप आनंद से भर जायेंगे और आपको अपना ही एक मधुर संगीत सुनाई देगा।

लिखा हुआ सपना लक्ष्य बन जाता है। दीवार पर जब यह रोज दिखाई देता है तो स्वयं के दिमाग पर हेमर करता है, सोने नहीं देता, चैन नहीं लेने देता है।

डरो मत लिखने से, संकोच मत करो लिखने से, सपना लिखकर चिपकाने से जादू हो जाता है। इस बात की चिंता मत करो कि ''लोग क्या कहेंगे।''

जब आप हाइवे पर अपनी कार 120 किमी की रफ्तार से दौड़ा रहे हों और अचानक आपकी नजर सड़क पर अभी-अभी हुए दर्दनाक एक्सीडेंट पर पड़ जाये तो तुरन्त ही बिना किसी के कहे आपकी स्पीड

60 पर आ जाती है और आपके मन में सुरक्षा सम्बन्धी सारी बातें आने लगती हैं। आप ड्राइविंग सम्बन्धी नैतिकता की बातें करने लगते हैं, लेकिन आधे घंटे बाद फिर आपकी गाड़ी की सुई 120 पर पहुँच जाती है और आप हवा से बातें करने लगते हैं, क्योंकि इस दिमाग की बनावट ही कुछ ऐसी है कि यह चीजों को जल्दी ही भूल जाता है। अगर उस एक्सीडेंट के फोटो को गाड़ी के स्टीयरिंग पर चिपका लो तो जीवन में कभी तेज गाड़ी चलाओगे ही नहीं।

यह तो वैज्ञानिक प्रमाण है कि दिमाग चित्रों की भाषा आसानी से समझता है।

इसलिए जीवन का सपना एवं लक्ष्य, उद्देश्य, सिद्धान्त हमेशा अपने सामने रखो, दीवार पर चिपका दो, जिससे यह दिमाग अच्छी तरह से समझ ले और भूल से भी भूलने की भूल भी न करे।

सभी लोग अपनी डायरी में पाँच ड्रीम लिख लीजिए। चेतन ने स्टेज के बाहरी कोने पर आकर सभी को एक एक्सरसाइज दे दी और माइक लेकर स्टेज से नीचे उतर आया।

कुछ लड़के लिखने में मग्न हो गए, कुछ पड़ोसी को देख रहे थे कि वह क्या लिख रहा है, कुछ मोबाइल से खेलने लगे, परन्तु राजा का पेन इतना भारी हो गया था कि उठ ही नहीं रहा था। इसी बीच राजा की चेतन से आँख से आँख मिली, चेतन ने मुस्कराते हुए राजा की ओर देखा तो राजा उस मुस्कराहट को सह नहीं पाया और शरमा कर आँखें कॉपी में गड़ा लीं।

अब इसे Short term, Mid term & Long term में बाँट लो- चेतन ने फिर निर्देश दिया।

चेतन ने पोडियम पर रखे पानी के गिलास को होठों से लगा कर गला गीला कर सबका ध्यान अपनी ओर खींचते हुए स्टेज के एक छोर से दूसरे छोर तक कदम बढ़ाते हुए तेज स्वर में बोलना शुरू किया -

काम होने के सिर्फ दो ही तरीके हैं - एक ड्रीम और दूसरा फियर (डर)।

सामान्यतः नौकरी करने वाले का स्वयं का तो कोई ड्रीम होता नहीं है, फियर ही उससे काम करवाता है। उसे डर रहता है जॉब का, डर रहता है बॉस का, इसलिए उसके काम करने की सीमा वहाँ तक होती है, जहाँ तक उसका डर होता है, लेकिन सामान्यतः बिजनेसमैन ड्रीम के लिए काम करता है, अपने सपने के लिए काम करता है, इसलिए उसके काम करने की सीमा वहाँ तक होती है, जहाँ तक उसका सपना होता है।

लेकिन जो नौकरी करने वाले नौकरी को अपना सपना बना लेते हैं, वे अप्रत्याशित तरक्की कर लेते हैं और जो बिजनेसमैन अपने ड्रीम के कारण काम नहीं करते, बल्कि कॉम्पिटीशन के या किसी और फियर के कारण काम करते हैं, वे वहाँ भी फियर की सीमा तक ही काम करते हैं।

अब यह तुम्हें निश्चित करना है कि काम डर की सीमा तक करना है या सपनों की सीमा तक।

दुनिया में वह व्यक्ति जल्दी ही अपने उन सभी सपनों को पूरा कर लेता है, जिसके पास ड्रीम के साथ-साथ एक फियर भी होता है, कि ड्रीम पूरा नहीं होगा तो बिगड़ेगा क्या ?

एक दिन मेरा बेटा मेरे पास आकर बोला - पापा, मुझे गिटार सीखना है।

मैंने कहा - क्यों सीखना है ?

उसने कहा - पापा! पहाड़ के ऊपर बैठूँगा, घने बादल होंगे, ठंडी-ठंडी हवा चल रही होगी, मेरे दोस्त होंगे और गिटार होगा। मैं उसमें से मधुर संगीत निकालूँगा और सारे दोस्त उस पर झूमेंगे।

मैंने कहा - यह सब तो ठीक है, परन्तु अगर नहीं सीखा तो ? अगर तेरा सपना पूरा नहीं हुआ तो डर क्या है ? तेरा फियर क्या है ? बिगड़ेगा क्या ? मुश्किल क्या होगी ? तू तो कल कह देगा, नहीं बैठूँगा पहाड़ के ऊपर, नहीं होंगे घने बादल, नहीं चल रही होगी ठंडी हवा, नहीं होंगे मेरे दोस्त और नहीं निकालूँगा गिटार में से मधुर संगीत, तो मैं क्या कर लूँगा ? अगर कल तू गिटार सीखना बंद कर देगा या ढंग से नहीं सीखेगा तो मैं तेरे पीछे पड़ा रहूँगा कि देख, तेरा मास्टर आ गया, प्रैक्टिस का

टाइम हो गया, बजाता क्यों नहीं है ? क्योंकि मुझे दिखाई देगा दस हजार रुपये का गिटार, मास्टर की फीस, तेरा समय, मेरी इज्जत। ये सब फियर तो मेरा है। मैं तुझसे कहूँगा बेटा अपने काम पर ध्यान दे, तो फिर तू कहेगा कि पापा टॉर्चर करते हैं, परेशान करते हैं। बेटा, ड्रीम तो तेरा है और फियर मेरा है, ऐसे काम नहीं होगा। तू अपने ड्रीम के साथ-साथ अपना फियर भी बता। वह बता, जिससे तेरा सपना पूरा नहीं होने पर तुझे पीड़ा क्या होगी ?

आपको बहुत अमीर बनना है, यह आपका सपना हो सकता है, पर यदि गरीब ही रह गए तो फियर क्या है ? डर क्या है ?

उस दुःख भरी जिंदगी की कल्पना ही आपका फियर है। यही धकेलेगा आपको अपने सपने को पूरा करने के लिए और वह भी जल्दी से जल्दी प्राप्त करने के लिए। इसी से आप अपने सपनों को बिना समय गँवाये पूरा करेंगे और इसी से होगी सेंस ऑफ अरजेन्सी।

गाँधी जी का सपना था देश की आजादी। एक स्वतंत्र भारत जिसमें नागरिक स्वतंत्रता से रह सकें, परन्तु उन्हें डर यह था कि यदि देश आजाद नहीं हुआ तो हम गुलाम ही बने रहेंगे और अभी आजाद नहीं हुआ तो अगले 100 सालों तक अँग्रेज हमें ऐसे ही जकड़े रहेंगे। हमारा जीवन ऐसे ही गुलामी में पूरा हो जायेगा, गुलामी में ही मिट जायेंगे, इसलिए आजादी पानी ही होगी। उनका यही आजादी का सपना उन्हें आगे ले जा रहा था और गुलामी का डर धक्का मार रहा था कि हमें आगामी पीढ़ी के लिए कुछ करना ही होगा। चुप नहीं बैठना है। इसीलिए स्वतंत्रता की जंग के समय गाँधी जी को कभी यह विचार तक नहीं आया कि मैं थक गया हूँ, बहुत हो गया, अब रहने दो, छोड़ दो, बाद में कर लेंगे, बहुत परेशानी है............।

विश्व कप जीतना निश्चित तौर पर हर खिलाड़ी का सपना होता है। साथ ही, उन्हें यह डर भी होता है यदि हार गए तो वापस जाकर क्या दुर्गति होगी। सपना उन्हें खींचता है और हार का डर उन्हें जीतने के लिए धकेलता है।

अगर आपके पास अकेला ड्रीम है तो काम होने वाला नहीं है और अकेला फियर है, तो काम होने वाला ही नहीं है। फियर और ड्रीम का बैलेंस चाहिए, तभी सपना पूरा होता है और सही समय पर पूरा होता है।

यदि ड्रीम बड़ा है और फियर छोटा है तो फियर बेअसर हो जायेगा, जिससे ड्रीम पूरा नहीं होगा और यदि ड्रीम छोटा है और फियर बड़ा है तो फियर इतना हो जायेगा कि वो ड्रीम को ही मार देगा। इसलिये इसका सही बैलेंस होना जरूरी है।

चेतन की बात करने का तरीका ऐसा था कि ऑडिटोरियम में बैठे प्रत्येक व्यक्ति को ऐसा लग रहा था कि वह उससे ही सीधी व्यक्तिगत बात कर रहा हो।

चेतन ने एक बार फिर पानी पिया और लंबी साँस लेकर बोलना शुरू किया –

फिनिश प्रोडक्ट तो सभी को पसंद आता है, परन्तु उस प्रोडक्ट को वहाँ तक पहुँचने में कितने पापड़ बेलने पड़े थे, यह तो वही जानता है, जिसने उस प्रोडक्ट को तैयार किया है। सपनों की मंजिल तो सभी को पसंद आती है, सभी को आकर्षित भी करती है, परन्तु वहाँ तक पहुँचने का प्रोसेस बहुत बोरिंग होता है, तकलीफ-देह होता है, चुनौतियों से भरा होता है, परन्तु जिसने इस प्रोसेस को एन्जॉय करना सीख लिया, उसके लिए सपनों की मंजिल कतई दूर नहीं होती है।

फेमस सिंगर बनकर स्टेज शो करना, लोगों के दिलों पर राज कर पूरी दुनिया में नाम कमाना, यह तमन्ना किसकी नहीं होती, परन्तु जब शुरुआत में उस हार्मोनियम से बोरिंग सा-रे-गा-मा राग अलापनी पड़ती है तो वह भाग खड़ा होता है।

पहाड़ के बीच भीनी-भीनी खुशबू फैली हो, सुबह का सूरज लुका-छिपी खेल रहा हो, ऐसे में केनवास पर खड़े होकर पेंटिग बनाना किसे पसंद नहीं आयेगा, लेकिन जब काली पेंसिल लेकर सादे कागज पर गोले बनाने पड़ते हैं और सीधी लकीरें खींचनी पड़ती हैं तो लोग छोड़ भागते हैं।

क्रिकेट टीम में इण्टरनेशनल मैच खेलना और चौबीस घंटे टीवी पर, अखबार में छाए रहना कौन नहीं चाहेगा, लेकिन जब सुबह पाँच बजे उठकर दस किलोमीटर की दौड़ लगानी पड़ती है और वर्षों तक अकेले में नेट प्रैक्टिस करनी पड़ती है तो लोग वापस मुँह ही नहीं दिखाते हैं।

अमीर बनकर अपने सपने पूरे करना और ऐशो-आराम की जिन्दगी किसे नहीं लुभाती, परन्तु जब कड़ी धूप में दर-दर की ठोकरें खानी पड़ती हैं, सोलह से अठारह घंटे लगातार मेहनत करनी पड़ती है, पसीना बहाना पड़ता है तो अच्छे-अच्छे लोगों के छक्के छूट जाते हैं।

दिल्ली जाने के लिए पैदल निकल पड़े हों और एक-एक कदम भारी लग रहा हो तो दिल्ली कैसे पहुँचोगे भाई ?

मंजिल पर पहुँचने के लिए हर एक कदम को एन्जॉय करना होगा, भले ही रास्ता कितना कँटीला क्यों न हो।

ध्यान रखना, सफल लोगों की पसंद-नापसंद उनके लक्ष्य के अधीन होती है, मन के अधीन नहीं।

यही कारण है कि जितने लोग बड़ा व महान बनने के बारे में सोचते हैं, उतने बन नहीं पाते हैं, क्योंकि वे उस प्रोसेस में मजा नहीं लेते हैं, उसमें आनन्दित नहीं होते हैं, उसे एन्जॉय नहीं करते हैं, जो प्रोसेस उन्हें उस सपनों की मंजिल तक पहुँचायेगी।

नजर सपनों पर रखो, पर हर कदम में आनंदित रहो, उसे एन्जॉय करो, तुम एक दिन इतिहास रच दोगे।

इतने में चेतन की नजर दाहिने कोने की अंतिम सीट पर पड़ी, जिस पर एक लड़का ऊँघ रहा था। चेतन को लगा भला ऐसी स्पीच के दौरान भी कोई सो सकता है ? अंदर ही अंदर उसके भाग्य की दुहाई देते हुये चेतन थोड़ा मुस्कुराया और आगे बढ़ गया -

वास्तव में, काम तभी पूरा हो जाता है, जब कोई व्यक्ति सपना देखता है और उस सपने को पूरा करने की ठान लेता है।

जब आपने सपना देखा, तब अपने दिमाग को ऑर्डर दे दिया कि

इस सपने को पूरा करना है। इससे अपने आप में एक चमत्कारिक आत्मविश्वास पैदा हो जाता है। सारी प्रत्यक्ष और अप्रत्यक्ष मानसिक एवं शारीरिक शक्तियाँ स्वतः ही काम करने लगती हैं। संपूर्ण ब्रह्माण्ड आपके साथ हो जाता है, व्यक्ति प्रति पल उस सपने को विजुअलाइज करता है, उसी में जीता है, उसे ही महसूस करता है, उसे ही भोगता है तो एक अप्रत्याशित जुनून पैदा हो जाता है, फिर सपना पूरा कैसे नहीं होगा? कुछ वक्त उस सपने को पूरा करने की प्रोसेस में लगता है, क्योंकि किसी भी काम को अंजाम देने के लिए आवश्यक वक्त तो लगता ही है।

जब गाँधी जी को साउथ अफ्रीका में रेलवे स्टेशन पर अंग्रेज ने रेल से नीचे उतार दिया, उसी वक्त गाँधी जी ने ठान लिया था कि तूने मुझे रेल से बाहर फेंका है, एक दिन मैं तुझे और तेरी पूरी कोम को मेरे देश से बाहर फेंक दूँगा..... और तब यही बन गया गाँधी जी का सपना। देश तो तभी आजाद हो गया था, जब गाँधी जी ने ठान लिया था, बाकी वक्त तो स्वतंत्रता की प्रक्रिया में लगा।

एडीसन ने बिजली बनाना ठान लिया था, बिजली तो तभी बन गयी थी, जब उन्होंने रोशनी का सपना देखा। इसके लिए जो दस हजार प्रयोग करने पड़े, वह तो प्रोसेस था।

जब एक लड़का देश का प्रसिद्ध गायक कलाकार बनने का सपना देखता है और उसे नाभि से ठानता है, कलाकार तो वह तभी बन जाता है। अब जो वक्त प्रोसेस में लगना है, वह तो लगेगा ही।

जब कोई व्यक्ति अमीर बनने का सपना देखता है और उसे नाभि से ठान लेता है, अमीर तो वह उसी वक्त बन जाता है। शेष वक्त तो सिर्फ प्रोसेस में लगना है, वह लगता ही है।

कोई भी महिला जब माँ बनना ठानती है तो उसी वक्त वह माँ बन जाती है, बाकी नौ महीने तो प्रोसेस में लगना है, लगते ही हैं।

जब कोई आध्यात्मिक जीवन जीता है और उसकी चरम सीमा तक पहुँचना चाहता है तो वह उसे हासिल उसी वक्त कर लेता है, जब वह वास्तव में ठानता है, शेष वक्त जो प्रोसेस में लगना है, वह लगता ही है।

दोस्तो! तुम सब में एक जादू है, तुम जादूगर हो, तुम अपने जीवन में मैजिक कर सकते हो, वह टेलेंट तुम्हारे अंदर है। बस, वादा करो अपने आप से कि 'मैं यह कर सकता हूँ।'

चेतन अपना वाक्य भी पूरा नहीं कर पाया था कि तालियों की जोरदार गड़गड़ाहट शुरू हो गयी। लोगों के चेहरों में सूर्य-सी चमक दिखाई दे रही थी, मानो उन्हें वर्षों से छिपी हुई अपनी ही कोई निधि मिल गयी हो।

चेतन एक मिनट रुका, फिर थोड़ा झुककर बोला -

जब कोई वास्तविक सपना देखता है और उसे पूरा करना नाभि से ठान लेता है, उसी वक्त उसके सोचने का नजरिया बदल जाता है, चाल-ढाल बदल जाती है, व्यवहार बदल जाता है। यह सब बिलकुल वैसा ही हो जाता है, जैसे सपना पूरा हो ही गया हो, तभी मनचाही चीज मिलती है। जब व्यक्ति प्रति पल उस सपने को जीता है तो प्रोसेस भी बोझिल नहीं लगता है, बल्कि आनंद ही देता है।

दोस्तो! कोई भी व्यक्ति तुम्हें किसी भी काम करने के लिए सिर्फ इन्सपायर कर सकता है, मोटिवेट नहीं, मोटिवेशन तो अपने अंदर से ही आता है। यदि किसी की इन्स्पीयरेशन से काम हो रहा है तो वह लंबे समय तक नहीं हो सकता, परन्तु जब कोई व्यक्ति सेल्फ मोटिवेटेड होता है, तभी जुनून पैदा होता है और अंदर से एक आवाज आती है- 'कोई रोक सके तो रोक ले।'

हाँ, ध्यान रखना, मोटिवेशन किसी की इन्स्परेशन से जरूर आ सकता है। इन्स्परेशन बाहरी क्रिया है और मोटिवेशन आंतरिक।

यह आवाज तभी आती है, जब सपना एक मिशन बन जाये। जब जीवन का मिशन निश्चित हो जाता है तो जीवन की प्रायोरिटी (प्राथमिकताएँ) अपने आप ही सेट हो जाती हैं। ध्यान रखना, जिसके जीवन में प्राथमिकताएँ ही निश्चित नहीं हैं, वह कभी कोई काम कर ही नहीं सकता। सफलता के लिए जीवन की प्राथमिकताएँ निश्चित होना जरूरी हैं।

'प्राथमिकता यानि स्व नियोजित लापरवाही'। जो सपना है, उसकी

प्राप्ति के अलावा बाकी सभी क्षेत्रों में सावधानीपूर्वक, स्वनियोजित तरीके से लापरवाह हो जाना और अपने लक्ष्य पर फोकस हो जाना। इसी का नाम प्राथमिकता है।

समय सीमित है, जंजाल बहुत हैं, अटकने व भटकने के रास्ते भी बहुत हैं और अटकाने व भटकाने वाले भी बहुत हैं।

चेतन माइक को जरा-सा मुँह के पास लाया और जोश भरी आवाज में हुंकार लगायी -

"दोस्तो! यथार्थ में जियो, पर चमत्कार के लिए हमेशा तैयार रहो।"

इतना कहकर हाथ हिलाते हुए चेतन बैक स्टेज पर चला गया। तालियों की विस्फोटक आवाज रुकने का नाम नहीं ले रही थी। स्टेज के बिलकुल नजदीक भीड़ लग गयी। माहौल अतिशयकारी उत्साहित था। लड़के-लड़कियाँ बैक स्टेज की तरफ दौड़ पड़े और चेतन को घेर लिया। कोई फोटो खींच रहा था, कोई ऑटोग्राफ लेने में लगा था, कोई हाथ मिलाने के लिए बेताब था। सब एक-दूसरे को धकेलते हुए आगे होने की होड़ में लगे थे।

उधर राजा को न जाने क्या हो गया था। कोई हलचल नहीं, कोई बातचीत नहीं, बिलकुल शांत, खोया हुआ, स्तब्ध-सा उसी सीट पर बैठा रहा।

अब तो लाइट-पंखे भी बंद हो चुके थे। कुछ देर बाद गार्ड ने उसे झंझोड़ा, राजा घबराकर उठा, मानो किसी ने वर्षों पुरानी गहरी अचेतन निद्रा से उठा दिया हो।

राजा की हालत बड़ी अजीब-सी हो रही थी, जिसका वर्णन करना बड़ा मुश्किल है। राजा चेतन की सारी बातें दिल से पी जाना चाहता था, परन्तु दिमाग स्वीकार नहीं कर पा रहा था। वह टहलते-टहलते नदी के किनारे बैठ गया। नदी की उठती हुई लहरों से अपना सामंजस्य बैठाने लगा। जो कुछ भी हो, पर उसमें एक अद्‌भुत तरह की एनर्जी फ्लो कर रही थी, इसे समझ पाना भी मुश्किल था। किससे करे ये बातें ? किसे बताये यह सब ? समझ नहीं आ रहा था। परन्तु पापा को वह सब बता देना चाहता था। सब कुछ उड़ेल देना चाहता था। पेट में बात पच नहीं रही थी, अतः घर की ओर मुड़ गया।

माँ खाने पर इन्तजार कर रही थी। बेटा अगर ढंग से खाना खा ले तो माँ को सम्पूर्ण संतुष्टि हो जाती है, माँ को और क्या चाहिए।

''राजा खाना खा ले।'' माँ ने आवाज लगाई।

''अभी नहीं माँ! भूख नहीं है'' राजा ने इनकार करते हुए कहा।

''देर हो गयी है बेटा!''

''माँ! बस थोड़ी देर में।''

''पापा भी खाने बैठ गए हैं।''

राजा ने सोचा - चलो, टेबल पर ही बात हो जायेगी। वह अपनी डायरी भी लेकर आ गया।

''पापा! आज कुछ गजब ही हो गया है.....'' कहते-कहते राजा ने डायरी का पहला पन्ना खोला और अंतिम पन्ने पर जाकर रुका। बिना साँस लिये सब कुछ सुना दिया। विजय भी शांति से निवाला गुटखता गया और सिर हिलाता गया।

पूरी बातें सुनने के बाद विजय ने पानी का गिलास नीचे रखते हुए कहा - ''बेटा! ये बातें तो अच्छी हैं, बहुत अच्छी हैं, पर हमारे लिए नहीं हैं। ये बड़े लोगों की बातें हैं। सपने पूरे कहाँ होते हैं! सपने तो सपने होते हैं, वे तो सिर्फ देखने के लिए ही होते हैं, उनसे हमारा क्या मतलब? ज्यादा ख्वाब मत देखो, संतोषी सदा सुखी रहता है बेटा! सपने पूरे नहीं होंगे तो दुःख होगा, इसलिए जिससे दुख हो, ऐसे सपने देखने ही क्यों? जैसा चल रहा है, चलने दो। उतने ही पैर पसारो, जितनी लंबी चादर हो समझे। ज्यादा उड़ने की जरूरत नहीं है।''

विजय ने राजा को हिदायत दे डाली।

''सपने पूरे नहीं होते हैं और वे पूरे नहीं होंगे तो दुख होगा, इसलिए जीवन भर दुखी ही रहो और सपने ही मत देखो। यह कहाँ का न्याय हुआ पापा! क्या चादर बड़ी नहीं की जा सकती, क्या पैर सिकोड़ना ही जरूरी है?'' कन्फ्यूज़्ड राजा ने विस्मय से, लेकिन आत्मविश्वास से पूछा।

''लगता है, लाटसाब को बाहर की बहुत हवा लग गयी है। कुछ ज्यादा ही छूट दे दी है हमने, इसलिये दिमाग सड़ रहे हैं। अब ये बड़े आदमी बनेंगे।'' विजय ने तनतनाते हुए कहा।

''नहीं पापा! ऐसा नहीं है, मैं तो कुछ करना चाहता हूँ, इसलिये बात कर रहा हूँ।'' राजा ने बड़ी सहजता एवं निर्दोषता से जवाब दिया।

विजय के पास कोई तर्क तो था नहीं। बस, यूँ ही सिर मटकाकर टेबल से यह कहकर उठ गया- ''देख राजा, तू अभी समझता नहीं है।

मैंने दुनिया देखी है, तजुर्बे से बोल रहा हूँ। ये बाल ऐसे ही धूप में सफेद नहीं किये हैं।''

राजा के पास भी आत्मविश्वास की कमी थी, वह असमंजस में था। विजय ने तो अपना आदेश-सा सुना दिया, तजुर्बे के नाम पर, लेकिन राजा की समस्या का समाधान तो हुआ ही नहीं।

वॉशबेसिन पर हाथ धोकर नेपकीन से हाथ पोंछता हुआ राजा अपने कमरे में चला गया और ऐसे ही पलंग पर बैठ गया।

जब असमंजस की स्थिति हो तो जो कुछ दिमाग में चल रहा हो, उसे कागज पर उतार लेना ही बेहतर है, वरना दिमाग के चारों तरफ दौड़ते हुए घोड़ों को पकड़ पाना बड़ा मुश्किल होता है। राजा की हालत भी आज कुछ ऐसी ही हो रही थी। राजा उठा और अपनी पर्सनल डायरी निकाल ली।

माँ दूध का गिलास लाई और सिर पर हाथ फेरकर बोली- ''बेटा, सो जा, रात बहुत हो गयी है।''

''हाँ माँ, सोता हूँ।'' कहकर राजा फिर लिखने में जुट गया। देर रात तक लिखता गया और टेबल पर ही सिर रख कर सो गया।

आधी रात तक राजा के कमरे की लाइट जलती देखकर ललिता ने विजय से पूछा - ''आज आपने राजा से ऐसा क्या कह दिया, वह सो ही नहीं रहा है?''

''साहबजादे हवा में उड़ रहे हैं ललिता! ''वाक्य को लंबा खींचते हुए विजय ने उत्तर दिया और करवट बदल ली।

जिन्हें घर में प्यार नहीं मिलता या घर वाले जिनकी भावनायें नहीं समझ पाते, वे उसकी तलाश बाहर करने लगते हैं। धीरे-धीरे वे परायों को अपनाने लगते हैं और अपनों से पराये होते जाते हैं और यहीं से दूरियों के बीज पड़ने शुरू हो जाते हैं।

सुबह राजा झटपट तैयार हुआ, पापा को दवा दी। चलते-चलते दूध के साथ एक टोस्ट खाकर कॉलेज भाग गया। रात को ये सोच कर

सोया था कि सुबह लाल स्कर्ट वाली को मोबाइल लगाऊँगा ही।

कॉलेज जाते वक्त जैसे ही मोबाइल पर हाथ गया, उसी पल वह सोचने लगा– ''अगर मैंने फोन किया और उसे पसंद नहीं आया तो बहुत जूते पड़ेंगे बेटा! घर पर शिकायत होगी, सो अलग। और तुम कहीं के नहीं रहोगे।''

कॉलेज में लड़कों को पता लगेगा तो हँसी भी कम नहीं होगी, कहीं उसका भाई हुआ तो? और यदि उसने पुलिस में कम्पलेन कर दी तब तो इज्जत का फलूदा ही निकल जायेगा। बात करने से मिलेगा भी क्या? छोड़ो, क्या फायदा? अन्ततः राजा ने फोन लगाने का विचार ही त्याग दिया।

जब जवानी का मामला हो और दिल में तरंगें उछल रही हों और वह भी उसके बारे में जो पहली बार टकराई हो तो आखिर दिमाग हार जाता है और दिल जीत जाता है।

राजा को ऐसी कुछ फिल्में भी याद आ गईं और उसका मर्दाना स्वभाव जाग गया। कशमकश में झूलते राजा ने अन्त में, आँख बंद करके नम्बर डायल कर ही दिया, मन में यह सोचकर कि जो होगा, देखा जायेगा।

''हैलो, मैं राजा बोल रहा हूँ।''

''हाँ, बोलो राजा!'' आँचल ने बहु प्रतीक्षित कॉल मिलते ही बड़े प्यार भरे अंदाज में कहा।

आँचल राजा के फोन का इंतजार तो कर रही थी, परन्तु भारतीय परंपरा के कारण पहल नहीं कर रही थी, क्योंकि आज भी यदि लड़की पहल करे तो कुछ लोग उसे आचरणहीन समझ लेते हैं, इसलिए आँचल के पास इन्तजार के अलावा कोई चारा ही नहीं था।

''आज मिल सकते हैं क्या?'' राजा एकाएक सीधा सटीक शरमाते हुए इतना ही बोल पाया।

''हाँ, क्यों नहीं।'' आँचल ने उसी गति से ऐसे हाँ कर दी।

आँचल के हाँ कहने पर राजा इतना उछल गया कि खुशी के मारे टाइम और प्लेस बताना ही भूल गया था।

''मिलना कहाँ है?'' आँचल का फोन आया।

''ओह! यह तो मैं भूल ही गया। चलो 6 बजे सीसीडी में मिलते हैं।''

राजा पार्लर जाकर शेम्पू-फेसियल करवाकर आया। सज-धजकर वह पूरी तरह नार्मल रहने की कोशिश कर रहा था। इससे उसकी चाल-ढाल और भी अजीब-सी हो गयी थी। वह करता भी क्या? पहली बार किसी लड़की से मिलने जा रहा था और वह भी अकेला। ऐसे में लड़का कितना भी नॉर्मल रहने की कोशिश करे, एबनॉर्मल हो ही जाता है।

राजा आधा घंटे पहले ही पहुँच गया और बात करने की तैयारी करने लगा। ऐसे शुरू करूँगा, ऐसे बैठूँगा, ऐसे पूछूँगा। और भी न जाने क्या-क्या!! मिलने को मन बहुत बेताब था, साथ ही दिल भी कम नहीं धड़क रहा था।

दूर से राजा ने देखा, आँचल आज लाल स्कर्ट में नहीं थी। वह ब्लैक जींस व पिंक टॉप में आयी थी। खुले हुए कंधे तक घने बाल, जिन्हें वह सिर मटका कर बार-बार सम्हाल रही थी। जब वह दूर से ही मुस्करायी तो दोनों गालों में डिम्पल पड़ गये। राजा की तो आज कयामत ही आ गयी।

राजा और आँचल एक-दूसरे के बारे में कुछ जानते नहीं थे, परन्तु फिर भी एक-दूसरे के प्रति खिंचे चले जा रहे थे। ये विपरीत सेक्स का आकर्षण चीज ही ऐसी है। इसमें कोई तर्क नहीं चलता।

किसी के प्रति आपके विचार मात्र पूर्वाग्रह ही हैं। हम उसी से ग्रस्त होते हैं, लेकिन उन दोनों के पास एक-दूसरे के प्रति कोई पूर्वाग्रह नहीं था, जो कुछ था, वर्तमान ही था।

वे दोनों बोले कम, पर देखा ज्यादा, मानो एक-दूसरे को आँखों में समा लेना चाहते हों। वे इसमें कोई कसर नहीं छोड़ना चाहते थे।

राजा की कोई योजना काम नहीं आई, फिर भी न जाने दो घंटे कैसे

निकल गये, कॉफी भी दो बार ठंडी हो गई। आखिरकार ठंडी कॉफी पीकर न चाहते हुए भी जाना पड़ा।

आज राजा सँभलते नहीं सँभल पा रहा था। रोम-रोम पुलकित हो रहा था, बड़ा रोमांच हो रहा था, गुदगुदाहट हो रही थी, सब कुछ कल्पनातीत घट गया था। वास्तविक होने के बावजूद भी उसे सब कुछ सपने-सा लग रहा था, इसलिए उसने दो-चार बार खुद को ही चिंऊटी भर ली।

लड़के बाहर से जितने स्ट्रोंग दिखाई देते हैं, अंदर से उतने होते नहीं हैं और लड़कियाँ बाहर से जितनी कोमल दिखाई देती हैं, उतनी अंदर से होती नहीं हैं। लड़के स्ट्रोंगनेस ओढ़ने व दिखाने में माहिर होते हैं और लड़कियाँ कोमलता ओढ़ने व दिखाने में माहिर होती हैं। दोनों अपना-अपना काम बखूबी निभाते हैं।

खुशी राजा के मन में फूले नहीं समा रही थी। रसोई में जाकर माँ के गले में हाथ डालकर झूमते-झूमते पूछा- ''माँ, खाने में क्या बनाया है?''

ललिता थोड़ी उदास थी, क्योंकि विजय का दमा आज दम ही नहीं ले रहा था। सीविअर अटैक आ गया था। रात लाड़ले के हवा में उड़ने की टेंशन जो हो गयी थी। राजा को जैसे ही पता लगा, उनके पास आकर बैठ गया।

विजय की साँस बहुत तेज चल रही थी। एक हाथ से पापा की पीठ सहलाता गया और दूसरे हाथ से आँचल से S.M.S. से बतियाता रहा।

उनींदी हालत में राजा की रात बीत गई।

अब राजा के मानस पटल पर दो लोगों का राज था, एक चेतन का और दूसरा आँचल का। कभी चेतन की बातें याद आतीं तो कभी आँचल की याद सताती। एक दिमाग का मामला था तो दूसरा दिल का।

चेतन ने राजा को व्यक्तिगत निमंत्रण भी दे रखा था, जो अभी तक पूरा नहीं हुआ था। पहले तो राजा कशमकश में था, परन्तु उस दिन के बाद तो मिलना बहुत जरूरी हो गया था। अब तो मिलने की हिम्मत भी

आ गई थी।

बिना झिझक, लेकिन थोड़ी घबराहट के साथ राजा ने चेतन को फोन लगा ही दिया। जब तक फोन की बैल बजती रही, राजा का ब्लड प्रेशर बढ़ता गया। खैर..... खुदकिस्मती से आज बात हो गई और रात का टाइम सेट हो गया।

"माँ! आज रात देर से आऊँगा और खाना भी नहीं खाऊँगा।"

"पर आओगे कब?"

"पता नहीं, पर आऊँगा जरूर।" राजा हँसते हुए बोला।

"क्यों? कहाँ जा रहे हो? किसके साथ जा रहे हो? कहाँ रहोगे? क्या करोगे?" ललिता ने एक साथ प्रश्नों की झड़ी लगा दी।

आखिर क्यों न लगाये। जवान लड़का जो ठहरा। पैर फिसलते हुए देर कितनी लगती है। जमाना भी खराब है, संस्कारहीन है। एक बार जो फिसला तो सँभलना मुश्किल हो जाता है। ललिता जानती थी कि यह उम्र पतंग की तरह होती है। न जाने कहाँ-कहाँ उड़ती रहती है, अगर डोर अपने हाथ में न हो तो.....?

राजा भी एक साथ इतने सारे प्रश्न सुनकर चिड़चिड़ा गया और भारी शब्दों में इतना ही बोला – "माँ, मुझे जाना है।"

माँ क्या कर सकती है, उस के हाथ में क्या है, सिवाय चिंता करने के।

चैप्टर 7

शहर के सबसे रईस इलाके में सबसे बड़ा बंगला चेतन का ही था। अशोक के बड़े-बड़े पेड़ बंगले को छिपाने की नाकाम कोशिश कर रहे थे। सफेद रंग की पीली रोशनी से नहा रही इमारत दूर से सजी हुई दुल्हन जैसी लग रही थी। गेट पर पीतल के अक्षरों से हिंदी में सिर्फ 'चेतन' लिखा हुआ था, जो रोशनी से चमक रहा था।

बड़े गेट के पास जैसे ही राजा पहुँचा। लंबी घनी मूँछों वाले वर्दी-धारी गार्ड ने रोक लिया। उसने विनम्र, लेकिन रोबीले तरीके से पूछा - ''किससे मिलना है ?''

''चेतन सर'' राजा बोला।

साहब से टाइम लिया है क्या ? मूँछों के बीच में से गार्ड की आवाज आई।

''हाँ'' राजा ने जवाब दिया।

''ठीक है'' कहकर उसने अपने केबिन में जाकर न जाने क्या किया कि सामने काले रंग का नाइट गाउन पहने चेतन की आवाज आई- ''आओ राजा! आओ।'' और उसने अपना हाथ राजा की तरफ बढ़ा दिया।

"कैसे हो राजा!" चेतन ने पूछा।

"ठीक........" राजा ने हिम्मत करके जवाब दिया, परन्तु आधे शब्द तो खा ही गया।

"ठीक हो या बहुत अच्छे हो?" चेतन ने मुस्कराते हुए राजा की तरफ देखकर फिर पूछा।

"हाँऽऽ.... नहींऽ.... नहींऽऽ....हाँऽऽ बहुत अच्छा हूँ।" राजा सकुचाते हुए बोला।

बातें करते-करते पूरी विलायती लॉन पार हो गई। कमर तक के डाबरमैन (डॉग) की चूमा-चांटी के साथ चेतन राजा को अपने ड्रॉइंग रूम तक ले आया।

डबल हाइट का ड्रॉइंग रूम राजा के पूरे घर से बड़ा था। जिसके बीचों-बीच लगे कलर स्टोन के बड़े से झूमर से पूरा हॉल जगमगा रहा था। दीवारों पर लगी बड़ी-बड़ी आर्टिस्टिक पेंटिंग्स मानो बाहर निकल कर अपनी दास्ताँ स्वयं ही बता रही हों। कॉर्नर में रखी करीब तीन फीट की सफेद संगमरमर की मूर्ति पूरे कमरे की खूबसूरती बढ़ा रही थी। जवाहरात के छोटे-छोटे शो पीस अपनी जगह सजे हुए थे, काँच की सेंटर टेबल पर रखा फूलों का गुलदस्ता अपनी सुगंध बिखेर रहा था। इस कमरे की वस्तुओं की कीमत आँकने की जरूरत नहीं थी। वे स्वयं ही चिल्ला-चिल्ला कर अपने बेशकीमती होने का सबूत दे रही थीं।

अजीब तरीके से इस वैभव को निहारता राजा विशालकाय नक्काशीदार सोफे के एक कोने पर बैठा तो धँस गया।

"राजा, क्या पियोगे?" चेतन ने अपनी लकड़ी की आराम चेयर पर झूलते हुए पूछा।

"सर! कुछ नहीं।"

"कुछ तो लो" चेतन ने फिर कहा।

"कुछ भी......." सकुचाते हुए राजा बोला।

चेतन ने रामू को आवाज लगाकर दो कप मसाले वाली चाय लाने को कहा।

"और हाँ! ये सर-वर नहीं हूँ मैं। मैं तो तुम्हारा दोस्त हूँ, मुझे चेतन कह कर बुलाओ तो मुझे ज्यादा अच्छा लगेगा।"

"पर....."

"पर-वर कुछ नहीं, सिर्फ चेतन।"

"अच्छा बताओ राजा! घर में कौन-कौन है?"

राजा चेतन के सामने बैठकर काँप रहा था, फिर भी उसने बिना रुके अपना पूरा परिचय दे डाला। यहाँ तक कि आँचल की बात भी बता डाली। चेतन बड़े ही ध्यान से रुचिपूर्वक सुनता रहा।

चेतन यह जानता था कि जब आप किसी की बात सुन रहे हों, तब सामने वाले को यह लगना भी चाहिए कि आप उसकी बातों में रुचि ले रहे हैं। वरना एक तो लोग सुनते ही नहीं हैं और अगर सुन भी रहे होते हैं तो उस वक्त ये सोचते रहते हैं कि इसके बाद मुझे क्या बोलना है। पूरी बात सुने बिना ही यह सोचने लगते हैं कि इसका जवाब क्या होगा? जब सामने वाले को सुनोगे ही नहीं तो बोलोगे क्या? बस, इसीलिए अच्छी-खासी बातें बहस का रूप ले लेती हैं। कई बार तो लोगों से अपनी बात सोचते-सोचते रहा नहीं जाता तो बीच में ही बोल पड़ते हैं।

एक बार झुम्मन का दोस्त आया और पूछने लगा कि - मेरी भैंस को उल्टी हो रही है क्या करूँ? झुम्मन ने जवाब दिया - काली मिर्च में सोंठ के साथ धतूरा मिलाकर काढ़ा बनाकर पिला दो। उसका दोस्त इतना सुनते ही भाग गया। घर जाकर काढ़ा बनाकर भैंस को पिला दिया, किन्तु ठीक होने के बजाय भैंस मर गयी। चिल्लाता हुआ उलटे पाँव झुम्मन के पास भागता हुआ आया। बोला - मेरी तो भैंस मर गई।

झुम्मन बड़ी शांति से बोला - मेरी भी मर गयी थी। तुमने मेरी आगे की बात कहाँ सुनी थी? तुम तो बात पूरी होने से पहले ही भाग खड़े हुए।

सामने वाले की बातें ध्यान से नहीं सुनना, उसके सामने उसकी बेइज्जती करना है।

इसलिए चेतन ने बड़े ध्यान से राजा की बातें सुन रहा था। राजा

दस मिनिट में खाली हो गया।

''अब क्या प्लान है जिंदगी का?'' चेतन ने सीधा प्रश्न दाग दिया। इस प्रश्न के लिए तो राजा बिलकुल तैयार ही नहीं था।

''कुछ नहीं...बस यूँ ही...कुछ भी कर लेंगे, देखते हैं।'' राजा कुछ आधे-अधूरे शब्द बोला।

राजा की यह बात सुनकर चेतन से रहा नहीं गया -

राजा, तुमने अगर अपनी जिंदगी का प्लान नहीं बनाया तो तुम्हें किसी और के प्लान में फिट होना पड़ेगा। तुमने अगर अपने सपने निश्चित नहीं किये तो कोई और तुम्हें अपने सपनों के लिए फिट कर लेगा।

देखो राजा! कभी आसान जिंदगी की तमन्ना मत करना। चुनौती रहित जीवन की आकांक्षा मत करना। इसका मतलब तुम कमजोर व्यक्ति बनने की तमन्ना कर रहे हो। ऐसी परेशानियों एवं चुनौतियों की तमन्ना मत करना, जो तुम्हारी क्षमता के बराबर हों, बल्कि ऐसी क्षमता प्रकट करने की तमन्ना करना, जो तुम्हारी परेशानियों एवं चुनौतियों के बराबर हों।

तुम्हें स्ट्रोंग बनना है, शक्तिशाली बनना है, कोई भी परिस्थिति तुम पर हावी न हो सके। तुम धीरे से परिस्थितियों पर हावी हो जाओ।

तुम स्ट्रोंग रहोगे तो परिस्थितियाँ तुम्हारे अनुकूल काम करेंगी और यदि तुम कमजोर रहोगे तो वे परिस्थितियाँ तुम पर हावी हो जायेंगी।

''हथोड़े की चोट काँच के टुकड़े कर देती है और वही हथोड़े की चोट लोहे को फौलाद बना देती है।'' टुकड़े या फौलाद बनना अपने ही हाथ में है राजा!

दुनिया उसे ही चिढ़ाती है, जो चिढ़ता है। उसका ही मजाक उड़ाती है, जो मजाक उड़वाता है। उसको ही दबाती है, जो दबता है। उसको ही परेशान करती है, जो परेशान होता है।

चेतन ने अपनी आरामकुर्सी से उठकर बड़ी आक्रामक मुद्रा में कहा- राजा! इस दुनिया में कमजोर और कमजोर होता जाता है और स्ट्रोंग

और ज्यादा स्ट्रोंग होता जाता है। स्ट्रोंग होना होगा मन से, स्ट्रोंग होना होगा अपने सिद्धान्तों पर, स्ट्रोंग होना होगा अपने सपनों पर, स्ट्रोंग होना होगा अपने विश्वास पर, स्ट्रोंग होना होगा अपनी कार्यशैली पर, तभी जीवन में कुछ कर पाओगे दोस्त!

एक गरीब किसान के दो बेटे थे। बड़ा बेटा बहुत सीधा, भोला, शांत और आस्तिक था। छोटा तेज-तर्राट, चालाक और नास्तिक था। किसान दोनों को ही बराबरी से पाल रहा था। वह छोटे बेटे को समझाता जरूर रहता था। बड़ा बेटा एक पुराने पेड़ को पूजता, लेकिन छोटा बेटा उसी पेड़ पर मूतता (पेशाब करता)।

एक दिन कोई देवी किसान के सपने में आई। किसान से बोली– ''सुनो! तुम्हारा छोटा बेटा उस पेड़ की बेइज्जती करता है, उस पर मूतता है। तुम अपने 'मुतने' लड़के को समझा लो, वरना मैं तुम्हारे 'पुजने' लड़के को मार डालूँगी।''

किसान घबराकर बोला – ''देवी माँ! मेरा बड़ा बेटा तो पूजा करता है, सेवा करता है, तुम उसे क्यों मारोगी ? हाँ, छोटा मेरी सुनता ही नहीं है, मेरा वश ही नहीं चलता उस पर। उसका जो करना हो करो।''

देवी बड़े शांत स्वर में बोली – ''यही तो संकट है। उस पर तो मेरा भी वश नहीं चलता है। जिस पर वश चलता है, उसी पर तो चलाऊँगी।'' किसान मुँह में उँगली दबाकर रह गया। देवी यह क्या बोल गयी ? और डर के मारे उसकी आँख खुल गई।

राजा बीच में ही बोल उठा – ''तो क्या हमें बदमाश, तेज-तर्राट बनना चाहिए ?''

नहीं-नहीं राजा, मैंने ऐसा कब कहा ? इसका मतलब भी ऐसा नहीं है। जैसा कि मैं पहले कह चुका हूँ, दुनिया उसी को चिढ़ाती है, जो चिढ़ता है। उसी का मजाक उड़ाती है, जो मजाक उड़वाता है। उसी को दबाती है, जो दबता है। उसी को परेशान करती है, जो परेशान होता है। हमें मन से मजबूत बनना होगा, हिम्मत रखनी होगी, निडर बनना होगा, अपने ही बनाये सिद्धान्तों पर अडिग रहना होगा।

राजा के कंधे पर हाथ रखकर समझाते हुए चेतन बोला – शरीर की ताकत से न तो हिम्मत का ही कोई सम्बन्ध है, न ही बहादुरी का और न ही साहस का, इसका सम्बन्ध तो मन की ताकत से है। शरीर से कमजोर से कमजोर इंसान पूरी दुनिया को हिलाने की हिम्मत रख सकता है, दुनिया को बदलने का साहस कर सकता है।

गाँधीजी को एक बार कुश्ती के दंगल में अतिथि के रूप में बुलाया गया। अखाड़े में पहुँचते ही गाँधी जी ने सबसे बड़े पहलवान से कहा – ''पंजा लड़ाओगे ?''

पहलवान शरमा गया। हाथ जोड़कर दुबले-पतले बापू से बोला – ''आपसे कौन जीत सकता है बापू ? आपकी बहादुरी और ताकत तो पूरी दुनिया जानती है। जिसने अँग्रेजों के छक्के छुड़ा दिए, जिसके सामने फिरंगी हुकूमत घुटने टेक चुकी हो, उससे पंजा लड़ाने की हिम्मत कौन कर सकता है।''

दुनिया को ताकत से नहीं हिम्मत से जीतना होगा।

तुमने इतिहास में पढ़ा होगा। मोहम्मद गौरी पृथ्वीराज चौहान को जीतने के लिए जाता और हर बार हार जाता। वह सत्रह बार हारा, तब जाकर अठारहवीं बार में जीता।

जरा कल्पना करो, मोहम्मद गौरी जब पहली बार हारा होगा तो दूसरी बार लड़ने जाने के लिए कितना साहस जुटाना पड़ा होगा, फिर हार गया तो तीसरी बार के लिए कितनी हिम्मत जुटानी पड़ी होगी, फिर हार गया.... ऐसे ही चौथी बार, पाँचवीं बार, क्या उसके परिजनों ने, आपसी लोगों ने रोका नहीं होगा, क्या नवीं-दसवीं बार में आस-पास के लोगों ने मजाक उड़ाना शुरू नहीं कर दिया होगा ? क्या चौदह-पन्द्रहवीं बार में तो सैनिकों ने विद्रोह नहीं कर दिया होगा ? पर हर बार उसने अगली बार जीत जाने की कसम खायी होगी। ध्यान देने वाली बात तो यह है कि वह लगातार लड़ाई हार रहा था, पर उसने हिम्मत एक बार भी नहीं हारी। सभी को समझाया तो होगा, पर उससे आंदोलित नहीं हुआ होगा। सभी को सुना तो होगा पर अपने मिशन से डिगा नहीं। हर बार हार से

सीखता गया बदलता गया, सुधरता गया और अंत में अठारहवीं बार आखिरकार जीत ही गया।

इतनी असफलता के बाद जीत मिली। यह जीत इतनी बड़ी हो गई कि उसका नाम इतिहास में लिखा गया। अब उसकी हिम्मत के गीत गाये जा रहे हैं, बहादुरी की कसमें खायी जा रही हैं, वह मिसाल बन गया और यदि वह इतना लड़ने के बाद भी अंतिम अठारहवीं बार भी लड़ने के लिए नहीं जाता तो भी हारा हुआ सिपाही कहलाता। अठारहवीं बार लड़ने जाने के लिए शरीर की ताकत की जरूरत नहीं थी, मन की ताकत की जरूरत थी। मोहम्मद गौरी शरीर की ताकत से नहीं जीता, मन ताकत से जीता, हिम्मत से जीता। मन से हार जाता तो एक से दूसरी बार ही लड़ने नहीं जाता। शरीर की ताकत एवं सैन्य शक्ति भले ही कितनी होती।

एक बात और है, जीत और हार में सिर्फ एक कदम का ही फासला होता है। सत्रह बार तक तो मोहम्मद गौरी हारा सिपाही ही था बस अठारहवीं बार में इतिहास बन गया।

जो युद्ध के मैदान में जीते, उसे तो विजेता कहते हैं, परन्तु जो युद्ध के मैदान में डटा रहे, उसे वास्तविक योद्धा कहते हैं।

राजा! याद है, उस दिन अचानक हुई पहली मुलाकात में मैंने तुमसे जो पूछा था, उसका उत्तर मिला?

हाँ! आपने पूछा था कि "हम डरते हैं, इसलिए भागते हैं या भागते हैं, इसलिए डरते हैं?"

इसमें सोचने की क्या बात है, "हम डरते हैं, इसीलिए भागते हैं।" राजा ने आत्म-विश्वासपूर्वक जवाब दिया।

चेतन अंदर की मुस्कान होठों पर लाकर जोर से ताली पीटकर बोला - यही तो बात है राजा बाबू! ऐसा नहीं है। हम भागते हैं, इसलिए डरते हैं। भागना बंद कर दो तो डर अपने आप उलटे पाँव भाग जाता है।

जरा सोचो, भयंकर काली अँधेरी रात है और तुम अकेले जा रहे हो। पूरी गली सुनसान पड़ी है। एक बड़ा-सा काला कुत्ता तुम्हारे पीछे पड़

जाए तो तुम भागते हो और डरते हो। जितना भागते हो, उतना ही डर बढ़ता जाता है और तेज भागते हो तो डर और तेज लगने लगता है। यदि तुम भागना बंद कर दो और रुक जाओ तो डर अपने आप भाग जाता है और साथ ही कुत्ता भी।

अच्छा बताओ, हम खुश होते हैं तो मुस्कराते हैं या मुस्कराते हैं तो खुश होते हैं?

राजा असमंजस मे पड़ गया, इसलिए चुप ही रहने में अपनी भलाई समझी और गोल-गोल सिर हिलाने लगा।

चेतन बोला - "हम मुस्कराते हैं तो खुशी मिलती है राजा! अच्छा, थोड़ा मुस्कराओ। राजा मुस्कराया साथ ही चेतन भी मुस्कराया। बोलो दोस्त! खुशी मिली ना?"

अरे! खुश रहने के लिए क्या हमें ऐसे हालातों का इन्तजार करना पड़ेगा, जिससे खुशी मिले? नहीं दोस्त, नहीं। तुम मुस्कराना शुरू कर दो, खुशी अपने आप पीछे-पीछे चली आएगी।

जिसे हँसना आता है, उसका रोना भी हँसता है और जिसे हँसना नहीं आता, उसकी हँसी भी रोती रहती है।

हम किसी पर निर्भर नहीं हैं, ना ही परिस्थियों पर और ना ही लोगों पर। परिस्थितियों को अपने हिसाब से मोड़ लो, ना कि उनके हिसाब से स्वयं मुड़ जाओ।

तुम चाहो तो निडर रह सकते हो और जब तुम चाहो तो खुश रह सकते हो। तुम्हें कौन डरा सकता है? तुम्हें कौन खुशी दे सकता है? तुम्हारी खुशी कौन छीन सकता है? सब कुछ तुम्हारे हाथ में है, तुम स्वतंत्र हो। तुम आत्मनिर्भर हो, किसी और पर निर्भर नहीं हो।

लेकिन डर तो लगता ही है, इससे बचना तो मुश्किल है न। रहा नहीं गया तो राजा ने डरते हुए बीच में ही पूछ लिया।

डर से डरो नहीं, बल्कि डर को डराओ। जब डर को डराने लगोगे तो डर भाग जायेगा।

यह डर ही परेशान करता है। राजा! जानते हो, नब्बे प्रतिशत साँपों

में इतना जहर नहीं होता है, जिससे इंसान मर जाये, परन्तु साँप काटने से नब्बे प्रतिशत लोग मर जाते हैं। वे लोग साँप के जहर से नहीं मरते, बल्कि इस डर से मर जाते हैं कि 'हाय राम! मुझे साँप ने काट लिया! मैं मरा!! अब मुझे कौन बचायेगा?'' उनका डर ही उन्हें मार डालता है।

डर एक नेगेटिव प्रक्रिया है और नेगेटिव की कोई सीमा नहीं होती है। नेगेटिव जंगली घास की तरह तेजी से फैलता है। हो सकता है, एक दिन तुम्हें चलने से ही डर लगने लगे, बात करने से डर लगने लगे, लोगों से मिलने से डर लगने लगे और ना जाने क्या-क्या?

इस डर को भगाएँ कैसे? यह समझ में नहीं आता है। राजा ने फिर पूछा।

स्वामी विवेकानंद ने एक बार कहा था - ''जिस काम को करने में डर लगता है, उस काम को करने से ही डर भाग जाता है और आत्मविश्वास पैदा हो जाता है।''

रोज-रोज डर-डरकर जीने से क्या फायदा? एक बार साहस बटोर कर उस काम को कर डालो। ये डर हमेशा-हमेशा के लिए डरकर भाग जायेगा।

बुझदिल डर से पहले ही डरना शुरू कर देते हैं, डरपोंक डर के समय ही डरते हैं और हिम्मत वाला ना तो पहले डरता है, ना डर के समय डरता है और ना ही डर के बाद डरता है।

''पर कभी-कभी चिंता तो होती ही है ना'' राजा ने चाय का कप उठाते हुए पूछा।

अगर तुम्हें कोई चिंता सताती है तो उसका मूल कारण उसके पीछे छुपा हुआ कोई न कोई डर ही है। यदि भय न हो तो चिंता किस बात की? चेतन समझाने की कोशिश कर रहा था।

व्यापार की चिंता, नौकरी की चिंता, पढ़ाई की चिंता, बीमारी की चिंता, बच्चों की चिंता, परिवार की चिंता, सबके पीछे कारण तो उनसे सम्बन्धित डर ही है।

चिंता भी डर ही है। डर निकल जायेगा तो चिंता रहेगी ही नहीं।

व्यापार में नुकसान का डर है, इसलिए व्यापार की चिंता होती है। नौकरी में बॉस की नाराजगी का डर है इसलिए नौकरी की चिंता होती है। परीक्षा में फेल होने का डर है, इसलिए परीक्षा की चिंता होती है। शरीर में रोग बढ़ जाने का डर है, इसलिए बीमारी की चिंता होती है। बच्चों के भविष्य बिगड़ने का डर है, इसलिए बच्चों की चिंता होती है। परिजन घर आने में थोड़े लेट हो जायें तो अनहोनी का डर है, इसलिए उनकी चिंता होती है।

जब यह डर पैदा हो, उसी वक्त उसे खत्म कर दिया जाये तो चिंता का रूप नहीं लेगा।

हम जिन घटनाओं से डरते हैं, उनमें ८०-९० प्रतिशत घटनायें तो कभी घटती ही नहीं... और जो घटती हैं, वे उस हद तक नहीं घटतीं जहाँ तक हम सोच लेते हैं। हम तो सिर्फ कल्पनाओं में ही डरते हैं, हमें सिर्फ डर का ही डर लगता है।

''चेतन, साहसी कैसे बना जाये ?'' राजा ने जबरदस्त प्रश्न पूछ लिया।

''जिस काम से डर लगे, उस काम को करना ही साहस है। साहसी बनने का यही अचूक तरीका है।'' चेतन ने सटीक उत्तर दिया।

हाँ, एक बात और याद रखना, किसी को डराने की कोशिश भी मत करना, क्योंकि जो तुम्हारे सामने तुमसे डरता है, वह तुम्हारे पीछे से तुमसे उतनी ही घृणा करता है।

हर दूसरा आदमी कहता हुआ मिल जाता है कि आत्मविश्वास रखो, पर आत्मविश्वास का मतलब क्या है ? आज तक समझ नहीं आया, राजा ने फिर बड़ा टिपीकल प्रश्न पूछ लिया।

तुमने बड़ी गजब की बात पूछ ली राजा! ध्यान से सुनो, चेतन ने कुर्सी से उठते हुए कहा - ''किसी भी परिस्थिति में अपने आप पर, अपने आंतरिक संसाधनों व शक्तियों पर पूर्ण निर्भरता और विश्वास ही आत्मविश्वास है।''

तुम्हारे पास वह सब कुछ है राजा! जिससे इस दुनिया में कुछ भी किया जा सकता है। या यूँ कहूँ, इस दुनिया में कुछ भी करने के लिए

जो-जो आवश्यक है, वह सब तुम्हारे पास है। बस, अपने आप पर भरोसा रखो।

"यह तो अहंकार है।" राजा ने विरोध किया।

"अहंकार माने अपने बारे में बढ़-चढ़ कर सोचना व बोलना है या यूँ कहो, डींगें हाँकना, अपने आपको तुर्रमखाँ समझना और आत्मविश्वास माने अपनी शक्तियों को पहिचानना एवं पॉश्चर माने जैसे हो, वैसे सही हाव-भाव के साथ रहना। ध्यान रखना, आपके पॉश्चर में अहंकार की बू ना हो, पर आत्मविश्वास की सुगंध अवश्य हो।

महाराज तीन बार खाने के लिए बुला चुका था, पर चेतन तो अपनी ही बातों में मग्न था, खाने का ध्यान ही नहीं रहा। खाना ठंडा हो रहा था तो प्रिया से नहीं रहा गया और चेतन का हाथ पकड़कर बोली -

"आपको तो भूखे रह कर काम करने की आदत है, पर इस बेचारे को सजा क्यों दे रहे हैं ? चलिए, टेबल पर खाना लग गया है। खाना खा लीजिए, फिर भले ही पूरी रात बैठिए।"

डाइनिंग टेबल पर छप्पन पकवान तो नहीं थे, पर आधुनिक छप्पन प्रकार के पकवानों से जरूर सजी थी। चेतन अपनी होस्ट वाली कुर्सी को खींच कर बैठ गया और राजा को अपने बगल में बैठने का इशारा किया। चेतन की दूसरी ओर प्रिया बैठ गयी। चेतन ने प्रिया से राजा का फॉर्मल परिचय करवाते हुए सिर्फ इतना कहा - "प्रिया, ये राजा है, मेरा दोस्त।" राजा ने शर्मीली मुस्कराहट के साथ सिर झुका लिया और प्रिया ने चमकीली आँखों से मुस्कराते हुए राजा को देखा और "हूँ" भरते हुए सिर हिलाया।

चेतन कॉलेज के जमाने से ही प्रिया की मुस्कराहट पर फिदा था। यह मुस्कराहट ही तो वास्तविक गहना है, भले ही आदमी हो या औरत। इंसान की वास्तविक खूबसूरती तो इसी से झलकती है।

शुरुआत से ही राजा ने मना करना शुरू कर दिया था। कितना भी स्वादिष्ट खाना क्यों न हो, ऐसे में खाया कहाँ जाता है। जो भी खा रहा था, वह भी संकोच के साथ धीरे-धीरे खा रहा था।

"क्यों राजा, ये तुम्हें बोर तो नहीं कर रहे हैं?" चुटकी लेते हुए प्रिया ने राजा से पूछा।

"कैसी बात कर रही हैं दीदी...." इसके आगे राजा के शब्द ही नहीं निकले और उसने नीचा मुँह करके रोटी का एक टुकड़ा तोड़ कर मुँह में रख लिया और चुप्पी छा गई।

चेतन ने इस चुप्पी को तोड़ते हुए कहा - "राजा, कभी किसी का सीखना खत्म नहीं होता। कोई भी व्यक्ति तीन तरीकों से सीख सकता है-

1. स्वयं की गलतियों से
2. दूसरों की गलतियों से
3. दूसरों की सफलताओं से

पहला तरीका बहुत लंबा है, दूसरा नेगेटिव एप्रोच वाला है, पर सबसे सटीक, सही, शॉर्टकट एवं गारंटीड तीसरा तरीका ही है।

राजा, हमेशा अपने में सीखने की संस्कृति डालो।

देखो, एक बहुत जबरदस्त बात बताता हूँ, कहते हुए चेतन ने अँग्रेजी का वाक्य बोला -

'Knowledge is not a power but,

Applied knowledge is a power,

Applied knowledge is not a power but,

Immediate applied knowledge is a power'.

अमेरिका के पूर्व राष्ट्रपति फ्रैंकलिन डी. रूजवेल्ट ने एक बार कहा था - "जो बात सभी लोग जानते हैं, लेकिन क्रियान्वित नहीं करते, वही मेरी सफलता का राज है, क्योंकि मैं उन्हें क्रियान्वित कर देता हूँ।"

राजा ने कुछ पूछने के लिए मुँह खोला, लेकिन चुप रह गया, परन्तु चेतन समझ गया तो बात बदलते हुए बोला -

कभी किसी से प्रश्न पूछने से मत घबराओ। प्रश्न पूछने से अज्ञान प्रदर्शित नहीं होता, बल्कि अज्ञान दूर हो जाता है।

याद रखना, प्रश्न पूछने की कला ही सबसे शक्तिशाली तकनीक है। रूडयार्ड किपलिंग ने कहा है – ''मैं छह ईमानदार सेवक अपने पास रखता हूँ। जो मैं जानता हूँ, इन्होंने मुझे सब सिखाया है – क्या ? क्यों ? कब ? कैसे ? कहाँ ? कौन ?''

लेकिन जो हर प्रश्न का उत्तर देने के लिए तैयार रहता है, वह अज्ञानी है।

''राजा! कुछ पूछना चाहते हो क्या ?'' चेतन ने पूछा।

''नहीं–नहीं'' राजा ने मुस्कराते हुए कहा तो प्रिया हँस पड़ी।

राजा, सफलता पाने के लिए हमेशा बदलने के लिए तैयार रहना होगा। अपने आप में आमूलचूल परिवर्तन की आवश्यकता होती है। परिवर्तन लगातार चलने वाली प्रकिया है। मैं यह कह सकता हूँ – ''परिवर्तन ही सफलता है।''

मजाक के मूड में चेतन बोला – देखो ना, डायनासोर ने अपने आप को बदला नहीं, इसलिए आज उसकी नस्ल तक खत्म हो गई और अमीबा उसके मुकाबले कितना छोटा जीव है। वह हर परिस्थिति को देख कर अपने आप को बदलता रहा तो वैज्ञानिक चाह कर भी आज तक उसे खत्म नहीं कर पाए।

लोग जीवन में तो परिवर्तन चाहते हैं, पर अपने आप में परिवर्तन करना नहीं चाहते। लोग असफलता को सफलता में तो परिवर्तित करना चाहते हैं, पर अपनी सोच में परिवर्तन करना नहीं चाहते। लोग अपने को साधारण से असाधारण में तो परिवर्तित करना चाहते हैं, अपनी आदतों में परिवर्तन करना नहीं चाहते।

''आदतें तो अपने आप ही बन जाती हैं, बनानो थोड़े ही पड़ती हैं।'' प्रिया बीच में ही बोल पड़ी।

नहीं प्रिया! बुरी आदतें पल जाती हैं, अच्छी आदतें पालनो पड़ती हैं। जैसे घास उग आती है और फल उगाने पड़ते हैं। घास को उगाने में मेहनत नहीं करनी पड़ती, पर उसे रखना खतरनाक है। फल को उगाने

में मेहनत करनी पड़ती है, पर उसे रखना लाभदायक है। बुरी आदतों को पालने में मेहनत नहीं करनी पड़ती, पर उन्हें रखना खतरनाक है, अच्छी आदतों को पालने में मेहनत करनी पड़ती है, लेकिन उन्हें रखना लाभदायक है।

जो घास उग जाती है, यदि उसे समय पर हटाया नहीं गया तो वह तुम्हारे फलों को भी नष्ट कर देगी। ऐसे ही बुरी आदतों को समय पर हटाया नहीं गया तो वे तुम्हारे गुणों को भी नष्ट कर देंगी।

दुर्भाग्य यह है राजा कि लोग वर्तमान की सहूलियत देखते हैं और अपना भविष्य खुद ही जानबूझ कर खराब करते हैं।

यह सुनकर राजा गंभीर हो गया।

चलो, अब हाथ तो धो लो, मैं चाय बनाती हूँ। प्रिया बातों के तारतम्य को तोड़ते हुए उठ खड़ी हुई।

राजा और चेतन भी उठ गए और बेसिन पर हाथ धो कर ड्राइंग रूम में आ गये।

राजा के दिमाग में चल रहा था - आदतें बदलती कहाँ हैं? वे तो बन गयीं सो बन गईं, अतः उसने पूछ ही लिया।

हाँ राजा! कुछ लोगों की यही सोच होती है, इसलिए वे जीवन के हर क्षेत्र में असफल रहते हैं, ''ये तो मेरी आदत है, मैं क्या कर सकता हूँ'', यह कह कर हर बदलाव से बचने की कोशिश करते हैं, पर बदलाव के बिना सफलता असंभव है।

एक बात ध्यान रखना- यह बदलाव तुरंत ही होना चाहिए, धीरे-धीरे नहीं। कुछ लोग ऐसे भी कहते मिल जायेंगे - आप बात तो ठीक करते हैं, मैं बदलूँगा तो सही, पर इसमें समय तो लगता है।

ऐसे लोग वास्तव में बदलाव अंदर से स्वीकार नहीं करते हैं या उसका निर्णय नहीं ले पाते हैं। यदि निर्णय ले लें तो आदतों में परिवर्तन तो तुरंत हो जाता है। जब एक बार इस बात की श्रद्धा हो गई, पक्का विश्वास हो गया कि मेरी यह आदत ठीक नहीं है और मुझे बदलना है तो फिर देर किस बात की? आदतें बदलना सिर्फ अपना माइंड सेट ही है।

आदतों में परिवर्तन ही सफलता का पहला पायदान है, आमूलचूल परिवर्तन के लिए हमेशा कमर कस कर तैयार रहो। बदलने में पीड़ा तो होगी, पर बदलना तो पड़ेगा।

आदतों को आवश्यकता में बदलते देर नहीं लगती। आदतें आवश्यकता बनें, इससे पहले ही उन्हें कुचल दो। आदतों के गुलाम मत बनो, बल्कि उन्हें अपना गुलाम बनाओ।

राजा, मैंने भी अपने आप में समय-समय पर आमूलचूल परिवर्तन किया है।

दुनिया तो आज का चेतन देखती है, लेकिन ये लोग नहीं जानते कि उस असहाय, दीन-हीन, भिनकू चेतू से आज का चेतन कैसे बना? बड़ा दर्दनाक है ये सफर राजा!

चेतन की आवाज में दर्द आ गया और बोलते-बोलते गला रुँध गया।

राजा सोफे के नुक्कड़ पर आकर, ठोड़ी हाथ पर टिका कर, बड़ी-बड़ी आँखों से चेतन को देखने लगा।

दो-मिनिट के मौन के बाद चेतन ने आपबीती सुनानी शुरू की-

एक संडे मेरे मम्मी-पापा मुझे खुली हवा में लॉन्ग ड्राइव पर ले जा रहे थे, क्योंकि मुझे घूमना पसंद था। मस्ती भरी बातें करते हुए, गाते-बजाते, हमने जैसे ही शहर पार किया और हाईवे पर पहुँचे तो सामने से भेड़-बकरियों की तरह लोगों से ठसाठस भरी एक बस आ रही थी। बस तो दिखाई ही नहीं दे रही थी, सिर्फ लोग ही दिखाई दे रहे थे। अचानक बस का बैलेंस बिगड़ा और बस हिचकोले खाने लगी। हम यह सब अपनी आँखों से देख रहे थे। ड्राइवर सँभालने की कोशिश कर रहा था, पर बस सँभल ही नहीं पा रही थी। मेरे पापा ने ये सब नजारा देख कर अपनी कार रोड के साइड में खड़ी करने के लिए मोड़ दी, लेकिन पलक झपकते ही बस झोल खाती हुई हमारी कार पर ही आ गिरी। फिर क्या हुआ, मुझे कुछ पता ही नहीं, पर हाँ, मुझे कुछ चीखों की आवाजें जरूर सुनाई दीं, जो आज भी कभी-कभी कानों में भयानक तरीके से गूँजती हैं।

अस्पताल में तीन दिन बाद जब मैंने आँख खोली तो पलंग के पास कुछ लोग खड़े थे। किसी की आँख में आँसू थे तो कुछ मुँह लटकाये ऐसे ही खड़े थे। मैं भला पाँच साल का क्या समझ पाता? मैं पूछता रहा, पर लोगों ने कुछ बताये बिना ही समझाना शुरू कर दिया। मैं समझ ही नहीं पा रहा था कि हुआ क्या है? क्योंकि जो हुआ था, उसकी कल्पना तो मैं कर ही नहीं सकता था। मैं अपने मम्मी-पापा के बारे में पूछता रहा, पर कोई जवाब ही नहीं दे रहा था।

मै अनाथ हो चुका था राजा, कहते हुए चेतन की आँखें भर आईं।

दूर के रिश्ते के चाचा ने मुझ पर इतनी मेहरबानी की, उनका यही अहसान मुझ पर है कि उन्होंने न तो मुझे पागलखाने में डाला और न ही किसी अनाथ आश्रम में, वरना इस अनाथ को कौन पालता?

उस एक्सीडेंट के भयंकर सदमे के कारण एवं मम्मी-पापा के बिना मैं निर्जीव-सा हो गया था, गुमसुम-सा रहने लगा था, संवेदनहीन हो गया था, मेरा व्यवहार अजीब-सा हो गया था। कभी जोर से हँसने लगता तो कभी फूट-फूट कर रोने लगता।

राजा की आँखें छलक आईं, नाक और आँख से आँसुओं का बहाव रुक नहीं रहा था।

राजा, माँ-बाप के जाने का दुख तो वही समझ सकता है, जिसके सिर से उनका साया उठ जाता है, उन्हें क्या पता जिनके.....। कहते-कहते एक बार फिर चेतन का गला भर आया और वह आगे बोल ही नहीं पाया, प्रिया की आँखें भी भर आईं।

जब कोई चीज आसानी से मिल जाये तो उसकी कीमत नहीं होती है, लेकिन जब वह चली जाये, तब उसकी कीमत समझ आती है। जब कीमत समझ आती है, तब वह चीज हाथ में ही नहीं रहती।

दुर्भाग्यशाली हैं वे लोग, जो अपने माँ-बाप को बुढ़ापे में वृद्धाश्रम में छोड़ आते हैं, लेकिन वे यह भूल जाते हैं कि उनके माँ-बाप के कितने अनमोल, अनकहे अहसान उन पर हैं, जिनका ऋण कभी भी नहीं चुकाया जा सकता।

अगर माँ–बाप कुछ कह देते हैं तो बच्चों को तकलीफ होने लगती है, पर नादान ये नहीं समझ पाते कि उनके कहने का अभिप्राय क्या है ? कहते हुए उसे एक स्टोरी याद आ गईं।

एक पिता अपने बच्चे को हमेशा डाँटता रहता था, उस पर चिल्लाता रहता था। बेटा बड़ा हो गया तो धीरे–धीरे बेटे को यह असहनीय होने लगा। उसे गुस्सा आने लगा – 'ये बाप है या दुश्मन। मुझे कुछ समझता ही नहीं है।' जब बात सिर के ऊपर निकल गई तो उससे रहा नहीं गया। एक दिन बेटे ने सोचा – ''अब मैं पिता को जीवित ही नहीं रहने दूँगा।'' उसने खंजर उठाया और रात को दो बजे छत पर पहुँचा तो माँ–बाप की बातों की आवाजें आ रही थीं, इसलिए सीढ़ियों पर ही बैठकर उनके सोने का इंतजार करने लगा।

माँ तारों की तरफ देखकर बोली– ''सुनो जी, यह जो बीच में तारा चमक रहा है, वह ध्रुव तारा है ना।''

पिता बोला – ''हाँ! पर जरा गौर से देखो, अपना पप्पू भी बिलकुल वैसा ही ध्रुव तारे जैसा दिखता है। अपने पप्पू का भी एक दिन इतना नाम होगा कि वो भी पूरी दुनिया में चमकेगा।'' कहते–कहते पिता की आँखों में पानी आ गया और गला भर आया।

बेटा सीढ़ियों पर ही बैठा–बैठा फूट–फूट कर पश्चात्ताप के आँसू रोने लगा – ''हे भगवान! मैं यह क्या पाप करने जा रहा था। जिसे मैं अपना दुश्मन मान रहा था, वे मेरे बारे में ऐसा सोचते हैं, जिनकी मैं जान लेने जा रहा था, वे मेरे जीवन के बारे में इतने चिंतित हैं।''

आँखों में आँसू लिये पिता के पैरों में जाकर लोट गया– ''पिताजी, मैं आपको पहचान ही नहीं पाया।''

पिता ने उसे उठाते हुए गले से लगाया और सिर्फ इतना ही कहा– ''बेटा! बाप जो भी करता है, बेटे के हित के लिए ही करता है।''

राजा, तुम भाग्यशाली हो कि तुम्हारे मम्मी–पापा का साया तुम्हारे ऊपर है।

अपने पास इतनी कीमती निधि पाकर राजा अपने को गौरवान्वित

समझने लगा।

तुम सोच सकते हो मुझ अनाथ की हालात। मेरे दोस्तों, परिचितों और रिश्तेदारों के बीच, कोई धिक्कारता, कोई चिढ़ाता, कोई ताना मारता तो कोई व्यर्थ की सहानुभूति दिखाता तो कोई निर्दयी तरीके से दया दिखाने की कोशिश करता और उन दूर के चाचा के लड़के को तो न जाने क्या लगने लगा था या किसी ने उसे भड़का दिया था। वह तो मुझसे इतना गंदा व्यवहार करता था कि जिसकी मैं बात भी नहीं कर सकता।

मैं डरने लगा था राजा! मुझे अकेलापन खाए जा रहा था। आत्मविश्वास मर चुका था, हीन भावनाओं ने चारों ओर से घेर लिया था, मैं पूरी तरह से टूट चुका था राजा!

''तो फिर क्या किया आपने ?'' राजा ने उत्सुकता वश पूछा।

''छोड़ो यार, बहुत लंबी कहानी है, फिर कभी सुनाऊँगा'' कहकर चेतन ने रूमाल निकालकर अपनी नाक पोंछी और एक लंबी साँस ली।

''फिर भी...'' राजा अब जिद की मुद्रा में आ गया।

''तो तुम मानोगे नहीं'' चेतन बोला।

''हूँ....'' कहकर राजा चुप हो गया और उत्सुकता से उसे देखने लगा।

राजा की जिद देखकर चेतन बोला –

एक दिन स्कूल की रेसिस में यों ही उदास अकेले क्लास रूम में बैठा हुआ था। मेरी क्लास टीचर ने यह देखा तो उनसे रहा नहीं गया और मेरे कंधे पर हाथ रख कर बोली – ''बेटा! यदि तुम्हारा कोई दोस्त नहीं है तो तुम किताबों को अपना क्यों नहीं बना लेते ?''

अरसों के बाद किसी के मुँह से बेटा शब्द सुना था। अच्छा लगा, अपनापन लगा, इसलिए उनकी बात पर भरोसा भी हो गया। बस, फिर क्या था ? मेरा खाली वक्त लाइब्रेरी में बीतने लगा, पर पढ़ने की न तो आदत थी और न ही रुचि, फिर भी बलपूर्वक पढ़ना शुरू किया।

मैंने महान पुरुषों की आत्मकथायें पढ़ीं, सफल लोगों का जीवन चरित्र पढ़ा, कुछ सकारात्मक सोच संबंधी साहित्य पढ़ा तो यह समझ आ

गया कि मैं ही अकेला ऐसा नहीं हूँ। दुनिया में तो और भी बहुत दुखी हुए हैं। अभी तक मैं अपनी ही परेशानियों को बड़ा समझ कर बैठा था और उसी में उलझकर नाकामी की बातें सोचता था, लेकिन अब मुझे यह समझ आ गया कि सफल लोग जन्मते नहीं, बनते हैं। सफलता पैदा नहीं होती, बल्कि पैदा करनी पड़ती है। हालातों से उसका कोई संबंध नहीं है।

हर सफलता के पीछे चुनौतियों भरी कहानियाँ होतो ही हैं और जब आप मंजिल हासिल कर लेते हैं तो वे ही घटनायें सफलता की कहानियाँ बन जाती हैं, जिन्हें लोग पढ़ते हैं, सुनते हैं, सुनाते हैं। यदि आप चुनौतियों से नहीं निपटे तो आप खुद उन्हीं घटनाओं के चक्रव्यूह में उलझ कर काल के गर्त में खो जाते हैं।

बस, फिर क्या था, जब यह समझ आ गया तो काम हो गया। मैंने अपने आप में बदलाव लाना शुरू कर दिया, हिम्मत जुटाना शुरू कर दी, अपने दबे हुए सपनों पर से राख हटाई, उन्हें जिंदा किया, अपने आप अपने आत्मविश्वास को बढ़ाया। धीरे-धीरे मेरा मनोबल बढ़ने लगा। मैंने अपने दिमाग को एक बड़ा सफल आदमी बनने का ऑर्डर दे दिया। मैं जुनूनी हो गया, लोगों की परवाह किये बिना अपने आप में जुट गया। धीरे-धीरे मैं ही अपने क्लास के लड़कों को पढ़ाने लगा और जिस क्लास में पढ़ता, उससे एक क्लास आगे की ट्यूशन भी लेने लगा। बेहतासा परिश्रम किया, पैसे कमाने लगा, चाचा को पैसे देने लगा, धीरे-धीरे उनका प्यार बढ़ता गया, तमाम झंझावातों के बीच ये सफर चलता रहा।

इस सफर के दौरान आने वाली सभी विपरीत परिस्थितियों को अपने पर हावी नहीं होने दिया, बल्कि मैं ही उन पर धीरे-धीरे हावी होता गया। उनमें उलझने की जगह उन्हें सुलझाता गया। मैं तूफानी गति से आगे बढ़ता गया। फिर मेरा एटीट्यूड ऐसा हो गया- "रोक सको तो रोक लो।"

मैं इतिहास पढ़ने वाला बनने की बजाय इतिहास बनाने में जुट गया, राजा!

कहते-कहते चेतन मुस्कराने लगा और उठते हुए बोला - राजा, मुंशी प्रेमचंद ने कहा है - "अतीत कितना भी दुखद क्यों न हो, पर उसकी स्मृतियाँ हमेशा मधुर होती हैं।"

चेतन ने अपनी बात आगे बढ़ाते हुए कहा -

लोग छोटी-छोटी बातों में इतने उलझ जाते हैं कि बड़ी-बड़ी बातों से उनका ध्यान ही हट जाता है।

''बड़ा युद्ध जीतना है तो छोटी-छोटी लड़ाइयाँ हारनी पड़ेंगी।'' जब बड़े युद्ध में बड़ी जीत होती है तो छोटी-छोटी लड़ाइयों को हारने में क्या दिक्कत है और छोटी चीजें हारोगे, तभी बड़ी चीजें जीत पाओगे। छोटी-छोटी बातों में हारना भी सीखना पड़ेगा।

देखो ना! हम अपने इतने अमूल्य जीवन का नब्बे प्रतिशत समय खोखली जीत के अहसास के लिए ही बर्बाद कर देते हैं। सड़क पर चलते हुए लोग अनजान गाड़ियों से बेवजह ही आपस में रेस लगाने लगते हैं, बिना वजह ही कभी किसी से भी बहस करने लगते हैं। रिक्शे वाले, कुली या सब्जी वाले से दो-चार रुपये कम करवाने में झगड़ने लगते हैं और इसी तरह की छोटी-छोटी बातों में अपनी हार-जीत मानने लगते हैं। इससे हम परेशान भी होते हैं और दुखी भी। समय खराब करते हैं सो अलग कहते हुए चेतन उन लोगों पर दया की हँसी हँसने लगा।

यदि हमारे देश का युद्ध किसी दूसरे देश से हो जाये तो आंतरिक छोटी-छोटी लड़ाइयाँ नदरंदाज करनी ही पड़ेंगी। यदि उनमें उलझ गये तो देश ही हार जायेगा।

यदि पूरे कुटुंब को एक साथ रखना है तो परिवार की आपस की छोटी-छोटी लड़ाइयाँ हारनी ही पड़ेंगी।

यदि हम इमरजेंसी में अस्पताल जा रहे हैं और कोई सामने से ही हमारी कार ठोक दे तो हमें ही उससे हारना पड़ेगा। यदि उसमें उलझ गये तो शायद बड़ी अनहोनी हो जाये।

लोग छोटी-छोटी बातों में इतने उलझ जाते हैं, जिससे बड़े-बड़े काम करने की फुर्सत ही नहीं मिलती और ना ही मनःस्थिति रहती है। जब जीवन के युद्ध को जीतना है तो छोटी-छोटी लड़ाइयाँ तो हारनी ही पड़ेंगी।

तो हमेशा याद रखना, ''बड़ा युद्ध जीतना है तो छोटी-छोटी लड़ाइयाँ हारनी पड़ेंगी।''

''सौभाग्य आपका दरवाजा सिर्फ एक बार खटखटाता है। वह भी धीरे से, पर दुर्भाग्य तब तक दरवाजा खटखटाता रहता है, जब तक दरवाजा खुल नहीं जाता।'' इसलिए राजा, हर वक्त अवसर की तलाश में रहना चाहिए और सही अवसर को कभी चूकना नहीं चाहिए, बल्कि मौका पाते ही झपट लेना चाहिए।

''एक अंधे व्यक्ति के सिर के भी सारे बाल चले गये थे। एक दिन शाम को जब वह अपने घर पहुँचा तो दीवार को टटोलता-टटोलता घर का दरवाजा ढूँढ रहा था। जैसे ही दरवाजा आता तो उसके सिर में खुजली चलने लगती, वो सिर खुजाने लगता और दरवाजा छूट जाता। वह फिर से चक्कर लगाना शुरू करता, दरवाजा आता और सिर में खुजली चलने लगती। पूरी रात निकल गई, वो अपने घर में ही नहीं जा पाया।''

जीवन में मौके तो बहुत आते हैं, पर साथ में चैलेंज भी लाते हैं, लेकिन जो चैलेंज को इग्नोर कर उस मौके को झपट लेता है, वो ही सिकन्दर होता है।

एक बात याद रखना - ''अच्छी चीज घर आती है और बुरी चीज को लेने जाना पड़ता है। देखो ना, शराब लेने जाते हो और दूध घर आता है'' कहते हुए चेतन हँसने लगा।

एक पंक्ति ने तो मेरे जीवन का मिशन ही बदल दिया, राजा - ''जो बाँटता है, वो सम्राट होता है और जो बचा कर रखता है, वह भिखारी होता है।''

राजा 'मैं' की प्रवृत्ति को छोड़कर 'हम' की प्रवृत्ति पर आ जाओ। जो मिला है, उसे अपनो में बाँट दो। तुम्हारा आंतरिक आनंद कई गुना बढ़ जायेगा और अपनों का दायरा जितना बढ़ा सकते हो, बढ़ा लेना। स्वतः ही सारे पराये अपने हो जायेंगे।

तुमने बचपन में एक कहानी पढ़ी होगी -

''एक कौए को प्यास लगी। धूप तेज थी। काफी देर के बाद उसे एक घड़े में पानी मिला, लेकिन पानी काफी कम था इसलिए उसका पीना

नामुमकिन था। वह दौड़ा-दौड़ा गया और कंकर-पत्थर लेकर आया, उन्हें घड़े में डाला और जी भरकर पानी पी लिया।''

इस स्टोरी में कौए की बुद्धिमानी बताई जाती है, लेकिन यह कौआ मेरा कौआ नहीं हो सकता। मेरा कौआ तो सबसे पहले काँव-काँव करके अपने बाकी साथियों को बुलाता, उन्हें समझाता फिर सारे मिलकर कंकर-पत्थर लाते, घड़े में डालते और सारे एक साथ पानी पीकर अपनी प्यास बुझाते और खुशी-खुशी घर चले जाते।

बस राजा, इसलिए मैं वह सब लोगो में बाँट देना चाहता हूँ, जो मेरे पास है। जो मुझे नहीं मिल पाया, मैं नहीं चाहता हूँ मेरे रहते हुए दुनिया में किसी एक को भी उसकी कमी महसूस हो।

राजा उस दिन कॉफी शॉप में तुम्हें देखकर मुझे कुछ ऐसा लगा, इसलिए मैंने तुमसे बात कर ली।

प्रिया चेतन की यह भावना जानती थी। चेतन उसी का समय तो चुरा कर तो लोगों को देता था, इसलिए उसे तकलीफ होने का तो प्रश्न था ही नहीं, बल्कि पति के प्रेम व सम्मान के साथ-साथ उसकी श्रद्धा भी बढ़ती जा रही थी।

रात गहराती जा रही थी। राजा के मोबाइल पर माँ का फोन बार-बार आ रहा था। ''राजा, अब तुम्हें जाना चाहिए'' कह कर चेतन अपनी कुर्सी से उठ गया।

जाते-जाते गेट पर न जाने चेतन को क्या कौंधा -

''राजा, कल सुबह आठ बजे आ जाना, कहीं चलना है।''

राजा को तो यह जानने की जरूरत भी नहीं थी कि जाना किधर है।

गाड़ी में चेतन के बगल में प्रिया बैठ गई और राजा पीछे बैठ गया। गाड़ी अचानक एक बड़े से मकान के बाहर जाकर रुकी, जिसके बाहर लिखा था – 'मेरा घर'।

राजा ने पहली बार किसी वृद्धाश्रम को देखा था। एक वृद्धा पानी की बाल्टी मुश्किल से ढोकर अपने पति को नहलाने के लिए धीरे-धीरे पग भरती हुई जा रही थी। एक बुजुर्ग अपनी पत्नी का सिर दबा रहा था। दूर बैंच पर बैठा एक व्यक्ति आँख बंद कर अपने बेटे की फोटो सीने से लगाये बैठा था, उसका सिर पूरी तरह से पीछे की ओर झुका जा रहा था। एक अखबार को ऐसे पढ़ रहा था, जैसे यदि यह अखबार समाप्त हो जायेगा तो वह बाकी पूरे दिन क्या करेगा। वहीं एक बुजुर्ग दम्पती बड़े चाव से चने का एक-एक दाना ऐसे खा रहे थे, मानो उन्हें कोई निधि मिल गयी हो, जिसका वे तन्मयता से भरपूर आनंद लेना चाहते हों।

अचानक बगल से मदद माँगने की आवाज आई, राजा ने मुड़कर देखा तो एक बुजुर्ग अपनी स्वेटर उतारने की कोशिश कर रहे थे, पर उतार नहीं पा रहे थे। राजा भाग कर गया, उनकी स्वेटर उतारी। बुजुर्ग

ने लम्बी साँस ली और पूछा -

"कौन हो बेटा? कहाँ से आये हो? क्या तुम भी अपने माँ-बाप को यहाँ छोड़ने आये हो?"

दर्द भरे शिकायती स्वर में राजा ने कहा- "नहीं, नहीं बाबूजी! मैं तो आप लोगों से मिलने आया हूँ।"

"बड़े दयावान हो, पर दूसरों के माँ-बाप से मिलने आये हो।" बुजुर्ग ठंडे स्वर में बोला।

"बाबूजी! आपके बच्चे कहाँ हैं?"

"वे तो बहुत अच्छे हैं बेटा! मैं ही किसी काम का नहीं रहा। बुढ़ापा तो मेरा आ गया है ना......जब गाय दूध देना बंद कर देती है तो उसे भी तो काँजी हाउस में डाल देते हैं।" प्रश्न कुछ और था और जवाब कुछ और मिला।

"कौन सम्हालता मुझे बेटे-बहू अपने ऑफिस में व्यस्त रहते हैं, पोते-पोतियाँ पढ़ाई में, पत्नी भी दो साल पहले छोड़ कर चली गई। दमा के कारण खाँसी बनी रहती है तो घर में सभी को परेशानी भी होती थी, इसलिए डेढ़ साल पहले बेटा यहाँ छोड़ गया था, तभी से यहीं हूँ। अब देखो ना, बेटा इतना व्यस्त है कि उसके बाद एक बार भी मिलने नहीं आया। कभी-कभार मेरा ही मन करता है तो फोन से एकाध मिनट बात कर लेता हूँ। रुको, एक मिनिट रुको.......।" कँपकँपाती आवाज में उन्होंने राजा को रुकने का आदेश दिया और अंदर चले गये।

थोड़ी देर बाद एक तुड़ी-मुड़ी तस्वीर लाये। राजा को दिखाते हुए बोले - "बस! ऐसा ही मेरा बेटा दिखता था बचपन में।" वह फोटो उनके पोते की थी।

राजा से रहा नहीं गया, इसलिए बगल में अखबार पढ़ने वाले बुजुर्ग के पास जाकर बैठ गया। उनके पैर पर हाथ रखकर पूछा- "तबीयत ठीक है काका!"

"सब ठीक है बेटा!" बुजुर्ग ने उत्तर दिया।

राजा बोला - "कभी घर जाने का मन नहीं करता?"

"मन तो बहुत करता है बेटा! पर अब जिल्लत सहन नहीं होती, किसे दोष दें? जीवन भर की पूँजी लगा दी बेटे की पढ़ाई में और बची-खुची उसकी शादी में खर्च कर दी। जब कुछ हाथ नहीं बचा तो बस, जिल्लत बची। बेटे को इसलिए पढ़ाया था कि वह इतना व्यस्त हो जाये कि बाप को ही भूल जाये?" व्यंग्य भरते हुए बोले।

"चलो, कोई बात नहीं। हमारी जिन्दगी तो पूरी होने को आई, अभी उसकी बाकी है। भगवान उसको सुखी रखे....." कहते हुए उनके मुँह से दुआ ही निकली।

चेतन को अपने माँ-बाप का अभाव आज तक खटकता है, इसलिए दुनिया के हर उस माँ-बाप की सेवा करना चाहता था, जिनको उनके लड़के बेसहारा छोड़ देते हैं। इसलिए उसने यह वृद्धाश्रम खोला है और वह रोज यहाँ आता है तथा पर्सनली उनकी देख-रेख करता है।

चेतन अपने काम में व्यस्त हो गया था। अब राजा से देखा नहीं गया, तुरन्त बाहर निकलकर मुँह पर रुमाल रखकर सीढ़ियों पर बैठ गया और न जाने कब उसका रुमाल पूरा भीग गया।

चेतन ने उसे उठाया, गाड़ी तक सहारा दिया। लौटते वक्त शीशों से बंद गाड़ी का माहौल भारी हो गया।

घर आते ही भरे हुए राजा ने विजय को वृद्धाश्रम की व्यथा सुनाई। विजय - "राजा! तुम मेरे दोस्त मनोहर अंकल को जानते हो ना।"

"हाँ पापा!"

विजय ने ठंडी साँस लेकर कहा - "मनोहर के चारों लड़के माँ-बाप की जिम्मेदारी एक-दूसरे पर डाल कर निवृत्त हो गये हैं, भला माँ-बाप भी कोई जिम्मेदारी है?"

मनोहर और उसकी पत्नी शीला को आखिरकार वृद्धाश्रम की शरण लेनी पड़ी। कभी-कभी मनोहर और शीला लड़कों के घर मेहमान की तरह दोपहर में आते और शाम होते चले जाते हैं। पोते-पोतियों को आँख भर देख कृतार्थ हो जाते हैं। उनकी ममता झलक आती है। थोड़ा-बहुत उनसे खेल लेते हैं, पर उनके नादान बच्चे यह अजूब रिश्ता समझ ही नहीं पा रहे हैं।

अब मनोहर और शीला ही एक-दूसरे के सहारा हैं, चाहे कहीं आना-जाना हो या हारी-बीमारी हो। कभी-कभी वे पुरानी बातें याद करते-करते एक-दूसरे के कंधे पर ही सिर रखकर सो जाते हैं। अगर सिर दर्द करता तो अपने कमजोर हाथों से ही एक-दूसरे का सिर दबा देते हैं। खाँसी चलती तो एक-दूसरे की पीठ सहला देते हैं। दवाई की जरूरत पड़ती है तो मैस के नौकर से बड़ी दयनीय स्थिति में गिड़गिड़ा कर मँगवा लेते हैं। इन सबके बावजूद भी उनके छोटे-से कमरे में चारों बेटे-बहुओं की फोटो लगी हुई हैं।

पुत्र कुपुत्र हो सकता है, पर माता कुमाता नहीं हो सकती।

माँ-बाप अपने चार-चार बच्चों को किसी भी हालत में खुशी-खुशी पाल लेते हैं, पर बुढ़ापे में चार सम्पन्न बच्चे एक माँ-बाप को पालने में एक-दूसरे का मुँह देखते हैं।

बाप बच्चों को कंधे पर बैठाकर स्कूल ले जाता है, घोड़ा बनकर गार्डन में घुमाता है, मुँह का कौर निकालकर खिलाता है। बच्चे रोटी नहीं खाते तो माँ रोटी नहीं खाती, परेशान हो जाती है।

बुढ़ापे में बच्चे माता-पिता को उँगली पकड़कर मंदिर भी नहीं ले जा पाते, भरपेट खाना भी नहीं खिला पाते, उनके पास दो प्यार की बातें करने का समय भी नहीं होता है। पूरी जिन्दगी जिनको पेट काट कर उम्मीदों के सहारे पाल-पोस कर इस लायक बनाते हैं कि वे कुछ कर सकें, पर बच्चों का यह पशुतापूर्ण व्यवहार देखकर घिन आती है।

विजय ने भावुक होकर कहा - मुझे याद है अपने दैनिक खर्चों में से मनोहर बच्चों के स्कूल की फीस कैसे निकलता था और साइकिल पर उन्हें स्कूल छोड़ने जाता था। वही बच्चे आज उसे वृद्धाश्रम छोड़ आये थे, जो मनोहर के बिना सोते तक नहीं थे। जब सोते थे तो उससे चिपक कर ही सोते थे। उसके हाथों से ही रोटी का कौर खाते थे...कहाँ गया वह सब ?

''जब अपने पराये हो जाते हैं, तब पराये तो पराये ही हैं।'' उनसे क्या अपेक्षा की जाए ? विजय ने धिक्कारते हुए कहा।

''जो अपने माँ-बाप का नहीं हुआ, वह किसका होगा?'' कहते हुए नम आँखों से राजा ना चाहते हुए भी उठ गया।

आँचल के साथ डेट पर जो जाना था।

राजा को पता था कि आँचल पिज़्ज़ा बड़े चाव से खाती है, राजा को आँचल की बातों-बातों में यह पता लग गया था। जहाँ रुचि हो, उसकी रुचि का पता लगते कितनी देर लगती है। जो चीज आज तक रुचिकर नहीं थी, वह भी रुचिकर बन गयी। इसलिए 3 बजे पिज़्ज़ा हट में मिलना तय हुआ।

पिज़्ज़ा खाते-खाते राजा ने आँचल को कल रात चेतन से हुई सारी बातें उड़ेल दीं। आँचल आँखें फाड़-फाड़ कर राजा को कभी ऊपर से देखती तो कभी नीचे से। इतना समझदार तो लगता नहीं है, जितनी बातें कर रहा है। इतना ज्ञानी भी नहीं लगता, जितना ज्ञान दे रहा है। घूरते हुए आँचल सोच ज्यादा रही थी, सुन कम रही थी। परन्तु राजा तो अपनी ही धुन धुने जा रहा था। जो कुछ भी हो पर, आँचल राजा के इम्प्रेशन में आ रही थी।

राजा अति उत्साहित था। बातों ही बातों में आँचल का हाथ पकड़ लिया और जैसे ही उसे कुछ कोमल-सी अनुभूति प्रतीत हुई तो आभास हुआ कि कुछ गड़बड़ हो गयी है। तुरंत अपना हाथ अपने पास ले लिया, आँचल भी उसके स्पर्श से संकुचा गई, लेकिन आँचल ने भी हाथ छुड़ाने की कोशिश नहीं की। यह राजा का कोई नुस्खा नहीं था, पर जो कुछ भी हो, स्पर्शीय सीमा तो टूट ही गई थी, चाहे जैसे भी टूटी हो।

पिज़्ज़ा खत्म हो चकुा था और राजा के बोलने का स्टॉक भी, फिर हवा-पानी, मौसम की बे-सिर-पैर की बातें होती रहीं, जैसी अक्सर लड़के-लड़कियाँ करते मिल जायेंगे।

कुँआरेपन में साथ रहना ही जरूरी होता है, बातें कोई मायने नहीं रखतीं, पर शादी के बाद बातें ही मायने रखती हैं। साथ रहें या न रहें, शादी के पहले समय कब कट जाता है, पता भी नहीं चलता और शादी के बाद........?

इनके बीच प्यार था या विपरीत सेक्स का अस्थायी आकर्षण मात्र, पता नहीं। जो भी हो, पर इनके बीच कुछ तो अनकहा शुरू हो गया था। आँचल के स्मरण मात्र से राजा के दिल के तार झनझना जरूर उठते थे।

अब राजा का समय कॉलेज से ज्यादा अपनी मनमोहिनी के साथ बीतने लगा। कभी किसी रेस्टोरेंट में तो कभी नदी के किनारे। कभी-कभी आँचल नाराज हो जाती तो कभी राजा। मानमनौवल चलती रहती, रूठना-मनाना चलता रहता, नजदीकियाँ बढ़ती जा रही थीं। धीरे-धीरे दोस्ती गहराती जा रही थी, पर दोनों ने अपनी लक्ष्मण रेखा नहीं तोड़ी।

आग और घी का साथ हो, फिर भी आग की आँच न लगे और घी भी न पिघले, यह चारित्रिक शक्ति के बिना आसान तो कतई नहीं है।

उधर राजा को चेतन से मिले बहुत समय हो गया था, अतः वह चेतन से मिलने का बहाना ढूँढने लगा। कुछ नहीं सूझ रहा था कि कैसे बात शुरू करूँ? कब करूँ?

जब कुछ समझ नहीं आया तो हिम्मत करके सीधे ही फोन लगाकर पूछ लिया - ''चेतन! क्या मैं मिल सकता हूँ, यदि आपके पास टाइम हो तो...... मैं आपको परेशान तो नहीं कर रहा हूँ ना?.......... अगर दिक्कत हो तो.........पर मुझे.........'' सब कुछ एक ही साँस में बोल गया।

''नहीं-नहीं राजा! कोई बात नहीं। एक काम करो, मॉर्निंग वॉक पर मिलते हैं। सुबह 6 बजे नेहरू पार्क में आ जाओ।''

ललिता मजाक-मजाक में राजा को सूर्यवंशी कहती थी, क्योंकि सूर्य के सिर पर आने के बाद भी माँ के बार-बार उठाने पर ही उठता था। लेकिन आज सवेरा होने के पहले ही तैयार होकर नेहरू पार्क पहुँच गया। एक बेंच पर बैठकर चेतन के इंतजार में उत्सुकतावश इधर-उधर देखने लगा।

कोहरा अभी छटा नहीं था, हल्की-हल्की ओस पत्तों पर बिखरी थी और पत्ते मंद-मंद हवा के कारण हिचकोले खा रहे थे, अधखिली कलियाँ सुबह के सूरज की पीली रोशनी में ऐसी लग रही थीं, मानो कोई कमसिन नवयुवती अभी-अभी नहाकर निकली हो। भरपूर ऑक्सीजन युक्त ठंडी-ठंडी बयार एवं पक्षियों के मधुर कलरव से पूरा वातावरण मनमोहक था।

ऐसे माहोल में कोई हाफ पैंट में दौड़ लगा रहा था, कोई ट्रैक सूट में। कोई कुत्ते के साथ दौड़ रहे थे, परन्तु यह पता लगाना असंभव था कि वे कुत्ते को घुमा रहे हैं या कुत्ता उन्हें।

कोई टाँग ऊपर सिर नीचे करके खड़ा था तो कोई टाँगों को चौड़ा करके उनमें सिर को फँसाने की कोशिश कर रहा था, कोई अपनी ध्यान

मुद्रा में बैठा साँसों से ही खेल रहा था।

कहीं कुछ लोग झुंड बना कर पूरी दुनिया का बोझ अपने सिर पर ओढ़कर हर एक को कोसने में लगे थे और हर समस्या पर गाल बजा रहे थे, मानो देश का प्रधानमंत्री, फिल्म स्टार या क्रिकेटर सभी इन्हीं की बातें सुन रहे हों और इनसे ही सलाह माँग रहे हों। यह जानते हुए भी कि इसमें वे कुछ कर ही नहीं सकते। उनकी सलाह की किसी को जरूरत ही नहीं है। इन्हें कोई सुनने वाला ही नहीं है, फिर भी बातें तो ऐसे कर रहे थे, जैसे सभी महत्त्वपूर्ण निर्णय इन्हीं को करने हैं। इतना ही नहीं, बातें करते-करते वे परेशान व दुखी भी हो रहे थे।

इस दुनिया में चार तरह के दुखी होते हैं-

1. जो अपने ही दुखों से दुखी हैं।

2. जो दूसरों के दुखों से दुखी हैं।

3. जो दूसरों के सुखों से दुखी हैं।

4. जो खामखा ही दुखी हैं।

पहले नम्बर के दुखी वे हैं, जो वास्तव में अपने दुखों से ही दुखी हैं। हमेशा रोनी शक्ल लेकर ही बैठे रहते हैं और उन दुखों से बाहर निकलना भी नहीं चाहते। यदि कोई और उनके पास जाये तो वे भी रोने लगें, धीरे-धीरे उनकी शक्ल ही ऐसी हो जाती है।

दूसरे नम्बर के दुखी वे हैं, जो दूसरों के दुखों से दुखी हैं। वे किसी की परेशानी को अपनी परेशानी समझ कर दुखी हैं।

तीसरे नम्बर के दुखी वे हैं, जो दूसरों के सुखों से दुखी हैं। भला उसकी साड़ी मेरी साड़ी से ज्यादा सफेद कैसे? वे इसी बात से दुखी हैं।

चौथे नम्बर के दुखी वे हैं, जो खामखा ही दुखी हैं। इन्हें किसी समस्या से कोई लेना-देना नहीं, फ्री-फंड में, फोकट में ही दुखी हैं। टी. वी. पर क्रिकेट देखते वक्त कभी किसी प्लेयर को गाली देंगे तो कभी किसी को सलाह। सड़क पर चलते-चलते कभी सरकार को कोसेंगे तो कभी मौसम को। कोई मतलब ही नहीं हैं पर ये खामखा ही हर बात बहुत दुखी हैं।

इसमें पहले नम्बर के दुखी सबसे कम हैं और चौथे नम्बर के सबसे ज्यादा।

राजा इन खामखा के दुखियों का निरीक्षण कर रहा था कि चेतन पहुँच गया–

''कहो राजा! क्या नजारा देख रहे हो?''

''कुछ नहीं। बस, लोगों को ही देख रहा हूँ।'' राजा बोला।

''हाँ राजा! लोगों को समझ लेना अपने आप में बड़ी कला है।'' चेतन ने चलते-चलते कहा।

देखो ना! कुछ लोग होते तो बहुत सीधे हैं, पर मानते हैं कि सीधा होना ठीक नहीं है, इसलिए अपने आप को लोगों के सामने तेज-तर्राट दिखाते हैं। इनके आंतरिक और बाह्य व्यवहार में ताल-मेल नहीं रहता है। लोग इनके बारे में हमेशा असमंजस में ही रहते हैं।

कुछ लोग होते तो बहुत तेज-तर्राट हैं, पर मानते हैं कि सीधेपन से लोग आकर्षित होते हैं, इसलिए लोगों के सामने भोलापन ओढ़ते हैं। इनके भी आंतरिक और बाह्य व्यवहार में तालमेल नहीं रहता।

कुछ लोग हमेशा नैतिकता की बातें करेंगे, क्योंकि सिद्धान्ततः तो नैतिकता को ही अच्छा मानते हैं, पर करेंगे अनैतिकता। ऐसे लोग दूसरों पर फर्स्ट इम्प्रेशन तो बहुत अच्छा डाल लेते हैं, परन्तु उनकी पोल खुलते भी देर नहीं लगती है और फिर यह अपना विश्वास हमेशा के लिए खो देते हैं।

कुछ लोग काम निकालने के लिए तो कुछ भी करने को तैयार रहेंगे, पर जैसे ही काम निकल जायेगा या काम नहीं होने की भनक मात्र लगने पर ऐसे व्यवहार करेंगे कि मानो पहचानते ही नहीं हैं। इनका स्वार्थ बिलकुल टपकता हुआ दिखाई देता है। किसी से भी इनके सम्बन्ध मधुर व स्थायी नहीं होते हैं। धीरे-धीरे इनके ही लोग इनसे कटना शुरू कर देते हैं, परन्तु ये तो आँख पर पट्टी बाँध कर ही काम करते हैं। मजे की बात यह है कि इन्हें अपनी स्वार्थी प्रवृत्ति समझ ही नहीं आती।

जब लोगों को सिगरेट की तलब लगती है तो भिखारी के पास

जाकर भी उससे माचिस माँग कर पीते हैं और जब सिगरेट खत्म हो जाती है तो उसके ठूँठ को पैर के नीचे इस तरह मसलते हैं, जैसे उसने कोई पाप कर दिया हो।

जब लोगों से मतलब होता है तो उन्हें गले लगाते हैं और मतलब निकलते ही उन्हें सिगरेट के ठूँठ की तरह मसल देते हैं।

सुबह अखबार न मिले तो पेट साफ नहीं होता। उसका इतनी बेसब्री से इंतजार रहता है कि दिन अधूरा लगता है और जब एक बार पढ़ लिया तो उसे रद्दी में डाल देते हैं और एक दिन बाद उसकी पुड़िया बन जाती है। फिर नये अखबार का इंतजार करते हैं, कल का अखबार रद्दी की कोठरी में पड़ा-पड़ा चिल्लाता है और अपनी व्यथा गाता – 'अरे भाई! मैं भी हूँ अखबार, पुराने कल का।'

इंसान को सिगरेट का ठूँठ या कल का अखबार मत समझो। लोगों से सम्बन्ध तब बनाने चाहिए, जब उनकी जरूरत ना हो। इससे एक तो कभी आपसी सम्बन्ध बिगड़ेंगे ही नहीं और यदि बिगड़ने की नौबत भी आयी तो वे ही सम्बन्ध काम आयेंगे, जो आपने बिना स्वार्थ के बनाये थे। राजा, खाना तब बनाया जाता है, जब भूख ना लगी हो।

लोग महान बनना चाहते हैं, महंत बनना चाहते हैं, प्रसिद्धि चाहते हैं। चाहते हैं कि लोग उनकी प्रशंसा करें, उनके बारे में बातें करें, उन्हें भरपूर इज्जत दें, सम्मान दें। यह सब मात्र चाहने से नहीं मिल सकता, इसके लिए कीमत चुकानी होगी। दिल से लोगों की मदद करनी होगी, उनकी निःस्वार्थ सेवा करनी होगी। लोगों को प्यार करना होगा, उनके लिए समर्पण करना होगा। उनके प्रति पवित्र भावनाएँ रखनी होंगी।

यदि यह सब आप परिवार में करते हैं तो परिवार से आपको वह सब मिलेगा, जो आप चाहते हैं। यदि आप समाज में करते हैं तो समाज से मिलेगा। यदि देश के लिए करते हैं तो देश से मिलेगा।

आप किसी से सम्मान की माँग नहीं कर सकते हैं। इसे तो कमाना पड़ता है।

"दोगे तो मिलेगा", पर लोग देना नहीं चाहते हैं, सिर्फ लेना चाहते हैं। यह भूल जाते हैं कि इस सिद्धान्त से तो सामने वाला भी सिर्फ लेना ही चाहेगा और यदि सब लेना ही चाहेंगे तो देगा कौन ?

असली सम्मान वह नहीं है कि लोग किसी भय या लोभ से आपकी इज्जत करें, आपके साथ हों, बल्कि असली सम्मान तो वह है, जब आप लोगों के दिलो-दिमाग पर छा जायें। जिस तरह मधुमक्खी शहद पर भिनभिनाती है, उसी तरह लोग भी आप पर भिनभिनाना शुरू कर दें।

देखो ना, ऐसे तो जूतों की कोई कीमत नहीं है, उन्हें हम घर की सबसे बेकार जगह पर रखते हैं, हाथ लग जाये तो हाथ धोते हैं, परन्तु हम जूतों के कितने गुलाम हैं। उसके बिना एक कदम भी चलना दूभर है, ना मिलें तो परेशान हो जाते हैं, झुँझला जाते हैं। यदि खो जायें तो आपातकाल लगा कर सबसे पहले उसे ही खरीदने जाते हैं, जूते के बिना बेचैन हो जाते हैं।

कभी सोचा, हम जूते के इतने गुलाम कैसे हो गये ? जूते ने हम जैसे लोगों को कैसे अपना बना लिया ?

क्योंकि जूता दुनिया के सारे पथ-कंटकों, कंकड़-पत्थरों, कफ-थूक, मल-मूत्र, गर्मी-सर्दी से हमारी सुरक्षा करता है और इन सबको बिना अहसान जताये अपने ऊपर खुशी-खुशी झेलता रहता है।

जूता हमें 'देता है' तो अपना बनाता है, 'सेवा' करता है तो हमें गुलाम बना लेता है।

लोगों को यदि अपना बनाना है तो 'देना' पड़ेगा। उनके लिए कुछ 'कर गुजरना होगा', तभी लोग हमारे अपने बनेंगे।

बातों-बातों में आज चेतन राजा के साथ काफी घूम लिया था। थोड़ी देर सुस्ताना चाहता था, इसलिए चेतन ज्यूस की स्टॉल की तरफ मुड़ गया।

टेबल पर रखी नमक की डिब्बी उठाकर चेतन उसे घूरता रहा, मानो उसने कोई गलती कर दी हो, फिर छूटते ही बोला - राजा! अपने आपको नमक की तरह बनाओ। भोजन में यदि नमक हो तो अपने होने का अहसास भी नहीं दिलाता, पर यदि न हो तो चिल्ला-चिल्ला कर अपनी

अनुपस्थिति दर्ज कराता है। उपस्थिति का अहसास लोगों को ना हो, पर तुम्हारी अनुपस्थिति लोगों पर भारी पड़नी चाहिए।

साथ ही, यदि भोजन में थोड़ा भी नमक ज्यादा हो जाये तो इसका मतलब वह अपनी उपस्थिति दिखाता है तो लोगों को भोजन छोड़ना ही पड़ता है। तुम्हारी उपस्थिति भी यदि लोगों पर भारी पड़ने लगी तो लोग तुम्हें छोड़कर भागने लगेंगे।

देखो राजा! व्यक्ति अगर बढ़-चढ़ कर अपनी ताकत दिखा रहा है, इसका मतलब वह कमजोर है, डरपोक है, उसके दिल के किसी अनजान कोने में डर छिपा बैठा है। इसलिए जोर-शोर से अपनी ताकत दिखाने की कोशिश कर रहा है।

शक्तिशाली, गंभीर व निडर कभी अपनी ताकत दिखाने की कोशिश नहीं करता।

सागर शांत रहता है और नदियाँ उफनती हैं। सागर को अपनी गहराई और शक्ति दिखाने की जरूरत नहीं है, परन्तु नदियाँ इसकी नाकाम कोशिश करती रहती हैं।

यदि कोई सम्मान डिज़र्व करता है तो कभी डिमांड नहीं करेगा। डिमांड तो वही करता है, जो डिज़र्व नहीं करता है। डिमांड करने वाला स्वयं ही अपने ऊपर शंकित है। उसे डर है कि कहीं लोग उसे छोटा ना समझने लगें, इसलिए वह अपने को बड़ा दिखाने की बढ़-चढ़ कर कोशिश करता है, जिससे उसकी इमेज और खराब होती है। लोग भी उसकी यह प्रवृत्ति समझने लगते हैं।

राजा चेतन की इस तत्काल-बुद्धि पर बड़ा आश्चर्यचकित रह गया।

इसी बीच, चेतन को बहुत पुरानी एक घटना याद आ गयी- राजा! एक बार मैं और मेरा दोस्त हिल स्टेशन घूमने गए। हमारी बस बहुत लेट हो गयी। हमें बस से उतर कर करीब 20 किलोमीटर ऑटो से भी जाना था। अर्धरात्रि में घनघोर जंगल की सुनसान राहों से होकर गुजरना था। घुटनों तक लुंगी लपेटे एक गुंडा-सा दिखने वाला मोटा-सा ऑटो वाला जाने को तैयार था। उसने थोड़ी दूर जाने के बाद अपने एक साथी को

अपनी बगल की सीट पर बैठा लिया। ठंडी-तीखी हवायें तीर की तरह चुभ रही थीं। साँय-साँय की डरावनी आवाजें कँपा रही थीं। आधे रास्ते में जाकर हमें पता चला कि वे दोनों पेशाब के बहाने दारू पीकर आ गए थे। अब तो हमारी हालत और भी ज्यादा खराब हो रही थी। एक तो जंगल का डर और दूसरा उन दोनों शराबियों का भय, जो जोर से भाषा के सौन्दर्य के साथ पता नहीं किस-किस से अपने नाते जोड़ रहे थे।

हमारी तो हालत पतली हो रही थी। डर के कारण हम दोनों ने भी अपनी-अपनी बहादुरी के और मार-पीट के झूठे किस्से एक-दूसरे को ही बढ़ा-चढ़ा कर सुनाने शुरू कर दिये, जिससे वे हमसे डर जायें और हमारा कुछ बुरा ना करें।

वास्तव में तो घबराहट ने हमारी जान ले रखी थी, डर हमारे प्राण पिये जा रहा था। हम डर रहे थे, इसलिये बढ़-चढ़ कर बहादुरी के गाने गाये जा रहे थे।

चेतन ने आगे कहा -

जब आप विनम्र होते हैं तो महान होते हैं, लेकिन जब महान होने का ढोंग करते हैं तो शेर की खाल ओढ़े हुए गीदड़ लगते हैं।

हैनी ने कहा है - मैंने ऐसा एक भी गधा नहीं देखा जो आदमी की तरह बात करता हो, पर ऐसे अनेक आदमी देखे हैं, जो गधे की तरह बात करते हैं।

कहते हुए राजा और चेतन जोर से हँस पड़े।

"लोगों को दूसरों की मजाक उड़ाने में, ताने मारने में, उन्हें छेड़ने में या व्यंग्य करने में क्या मजा आता है?" राजा ने परेशानी के स्वर में आपबीती पूछी, जिससे राजा ग्रस्त था।

"दुनिया तरह-तरह के लोगों से भरी पड़ी है राजा! और हमें उन्हीं के बीच रहना है। हम लोगों को नहीं बदल सकते हैं, अपने को ही बदल सकते हैं। यदि खुश रहना है तो हर बात को दिल पर मत लगाना। लोगों को यह पता भी नहीं होता है कि क्या बोल गए? इसका क्या असर सामने वाले पर पड़ेगा? परन्तु उन्हें तो बोलने से मतलब कुछ भी बोलें,

उन्हें अपनी शान दिखाना है। कैसे ही सही, अपना और दूसरों का मनोरंजन करना है। कुछ भी करके, समय पास करना है, उन्हें यह पता नहीं होता है कि सामने वाला इसकी क्या कीमत चुकाता है?

ऐसे लोगों के पीछे हम अपना मूड ऑफ कर लें या परेशान हो जायें, यह कहाँ तक उचित है? हम उन्हीं के बारे में सोचते रहते हैं, उसमें उलझ कर रह जाते हैं, अपनी नींद खराब करते हैं और अपना दिमाग खराब करते हैं, परन्तु उन्हें पता भी नहीं होता कि उन्होंने कब क्या कहा?

''लोगों के लिए संवेदनशील रहो, परन्तु उनकी बातों के लिए संवेदनशील मत रहो। स्वयं गंभीर रहो एवं अपनी बातों के लिए संवेदनशील अवश्य रहो।

किसी की बातों से तुम परेशान ना होना, पर ध्यान रखना कि तुम्हारी बातों से कोई परेशान ना हो जाये।''

कोई तुम्हें परेशान कैसे कर सकता है, जब तुमने उसे परेशान करने की इजाजत ही नहीं दी है। कोई तुम्हारी बेइज्जती कैसे कर सकता है, जब तुमने उसे बेइज्जत करने की आज्ञा ही नहीं दी। कोई भी व्यक्ति तुम्हारी आज्ञा के बिना तुम्हारे दिमाग पर और तुम्हारी जिंदगी पर राज कैसे कर सकता है, ये जिन्दगी तुम्हारी अपनी है। तुम अपने स्वामी स्वयं ही हो। अगर वह तुम्हारे दिमाग पर और तुम्हारी जिंदगी पर राज कर रहा है तो इसका साफ़ मतलब यह है कि तुमने ही उसे आज्ञा दी है, फिर इसके जिम्मेदार तुम स्वयं ही हो।

अलबर्ट हब्बार्ड ने कहा है – ''कभी सफाई नहीं दें, क्योंकि आपके दोस्तों को इसकी आवश्यकता नहीं होती है और आपके दुश्मनों को विश्वास नहीं होगा।''

अपने दिमाग पर एक बोर्ड लगा दो– 'No admission without permission' (बिना आज्ञा के अंदर आना मना है।)

राजा, हम जो सोचते हैं, वह तो सोचते ही हैं, परन्तु ज्यादातर समय इसमें बर्बाद कर देते हैं कि सामने वाला हमारे बारे में क्या सोचता है।

यह तुम पर निर्भर करता है कि तुम दिमाग को काम में लेते हो या दिमाग तुम्हें काम में लेता है। दिमाग तुम्हारे कहने पर चलता है या तुम इसके कहने पर चलते हो।

चेतन ने राजा के कंधे पर हाथ रख कर कहा - डेल कारनेगी ने कहा है कि - जो व्यक्ति गलत काम करता है, उसे वह सही मानता है, गलत नहीं। जैसे डाकू डाका डालता है तो वह यह मानता है कि मैं बिलकुल सही काम कर रहा हूँ। मुझे इनसे ज्यादा पैसों की जरूरत है। इन्होंने भी तो लोगों से ही पैसा कमाया है और मैं भी तो अपने साथियों में बाँट रहा हूँ, आदि......।

कारनेगी की यह बात तो बिलकुल ठीक है, पर मेरी समस्या तो उन लोगों की है, जो यह जानते हैं कि मैं जो कर रहा हूँ, वह गलत है, फिर भी करते जाते हैं।

मान लो, तुमने किसी के साथ गलत व्यवहार किया या किसी को मारा या झूठ बोला या किसी की चीज उठा ली या रिश्वत ले ली या कोई अनैतिक काम किया। तुम उस काम को करते वक्त भी यह जानते हो कि यह गलत है, परन्तु तुम में इतनी हिम्मत ही नहीं होती है कि तुम उस अनैतिक काम को न करो, क्योंकि इसके लिए तो चारित्रिक शक्ति की जरूरत होती है, पुरुषार्थ की जरूरत होती है।

किलोमीटरों में फैले इस पार्क में बड़े-बड़े देवदार के पेड़ खूबसूरती बढ़ा रहे थे। छोटे-छोटे फूलों के पौधे सुगंध बिखेर रहे थे। पश्चिम की ओर खड़े पर्वत से तो इस प्रकृति के उपहार में चार चाँद ही लग गए थे, पूरा वातावरण ही रमणीय था। अधिकतर लोग चेतन को पहचानते थे। कभी चेतन किसी से हाथ मिला लेता तो किसी को दूर से ही अभिवादन कर देता, किसी को मात्र देख कर ही मुस्करा भी देता, परन्तु राजा की बातों की तारतम्यता नहीं टूट रही थी।

चेतन ने बात आगे बढ़ाते हुए कहा - राजा, तुमने एक कहावत पढ़ी होगी - "टिट फॉर टेट" (Tit for Tat) "जैसे को तैसा।" मैं आज तक समझ ही नहीं पाया, ऐसा क्यों पढ़ाया जाता है?

यदि ''जैसे को तैसा'' किया तो आप में और सामने वाले में क्या फर्क रहा? फिर आप उसे दोषी कैसे मान सकते हो? इसमें तो फर्क सिर्फ इतना-सा रहा कि सामने वाले ने पहले गलत व्यवहार किया और आपने बाद में।

राजा ने समझने के लिए पूछा - ''पर सामने वाले ने जो गलत व्यवहार किया, उसी की वजह से तो हमने ''जैसे को तैसा'' किया, पहली गलती तो उसने ही की है ना?''

चेतन बोला - यह तो सिर्फ तुम्हारा विचार है, सत्यता नहीं, क्योंकि प्रत्येक आदमी अपने ही तरीके से सोचता है। हो सकता है सामने वाले ने तुम्हारे किसी गलत व्यवहार की वजह से ऐसा किया हो। जिसका तुम्हें पता भी ना चला हो। यह भी तो हो सकता है कि सामने वाले ने किसी गलतफहमी के कारण ऐसा किया हो या अनजाने में ऐसा हो गया हो, परन्तु तुमने तो जानबूझ कर, सोच-समझकर, योजनाबद्ध तरीके से गलत व्यवहार किया है ना, ''जैसे को तैसे'' किया। तो बड़ी गलती किसकी हुई? वह तो गलती कर चुका और तुम अब करने जा रहे हो। यह बदला क्यों?

एक बात याद रखना, कभी भी ''जैसे को तैसा'' नहीं करना, बल्कि ''जैसे को वैसा'' ही करना। ''टिट फॉर टेट'' की जगह ''टिट फॉर एज़ इट इज़'' ही करना (Tit for as it is). जैसा व्यवहार तुम करते आ रहे थे, वैसा ही मधुर व्यवहार रखना। सामने वाले के व्यवहार के कारण अपना व्यवहार मत बदलना।

बड़ा और महान कौन होगा? ''जैसे को तैसा'' करने वाला या ''जैसे को वैसा'' करने वाला, चेतन ने पूछा, परन्तु राजा चुप रहा।

अगर तुम ''टिट फॉर टेट'' करोगे तो सामने वाले को अपनी गलती मानने का मौका कब मिलेगा? उसे पश्चात्ताप कब होगा? ऐसे तो कुचक्र प्रारंभ हो जायेगा। यह गलतियों की साइकिल रुकेगी कहाँ? पहले उसने गलती की, फिर आपने उसकी गलती पर गलती की, फिर उसने आपकी गलती पर गलती की और आपने गलती पर गलती के ऊपर गलती की।

इस चक्र में मूल बात तो पता नहीं कहाँ खो जाती है और लड़ाई कभी भी मूल गलती की ना रहकर उस गलती के ऊपर की गयी गलती की हो जाती है, जिसका आधार सिर्फ क्रोध है और अन्ततः यह ईगो का इश्यू बन जाती है।

कोई अगर आपके साथ गलत व्यवहार कर रहा है तो उसको ठीक करने का तरीका उसके साथ गलत व्यवहार करना नहीं है, बल्कि अच्छा व्यवहार करना है। एक दिन उसे स्वतः ही अपनी गलती समझ में आ जायेगी और पश्चात्ताप भी होगा। आपको सिर्फ उस दिन का शांति से इन्तजार करना होगा।

कीचड़ से कभी कीचड़ नहीं धुलता, बल्कि पानी से ही धुलता है।

कुत्ता अगर आप पर भौंक रहा है तो उसे चुप कराने का तरीका उसके साथ भौंकना नहीं है। वह जैसा व्यवहार कर रहा है, वैसा ही व्यवहार करना नहीं है, वरना आप भी अच्छे खासे इंसान से कुत्ते बन जायेंगे। जबकि उसे एक रोटी का टुकड़ा डाल देना है, जिससे कुत्ता ना केवल भौंकना बंद कर देगा, बल्कि वह अपनी पूँछ हिलाता हुआ आपको चाटने भी लगेगा।

इसलिये कहता हूँ – टिट फॉर टेट नहीं, बल्कि टिट फॉर एज़ इट इज़।

लोग अच्छे-बुरे नहीं होते। यह तो इस पर निर्भर करता है कि आप कैसे हैं? भले व्यक्तियों के साथ तो सभी अच्छा व्यवहार करते हैं। महानता तो तब है, जब तुम उनके साथ भी अच्छा व्यवहार करो, जिन्हें तुम बुरा मान रहे हो। जो आज तुम्हें बुरे लग रहे हैं, वे ही कल अच्छे लगने लगेंगे। यह तो सिर्फ तुम्हारा विचार है और समय की बात है।

देखो ना विचित्रता, हम जिससे नफरत करते हैं, वो हमें मुफ्त में खरीद लेता है और हम उसके गुलाम बन जाते हैं। अपने आप को भूल कर चौबीस घंटे उसी के बारे में सोचते रहते हैं।

लोगों को माफ करना और लोगों से माफी माँगना सीख जाओ।

लोगों को माफ करके तुम वीरता महसूस करोगे, क्योंकि क्षमा तो वीरों का आभूषण है। ऐसा करके तुम अपने आप में बड़प्पन महसूस

करोगे, आजाद महसूस करोगे।

"जिसको माफ किया उसका.......उसकी गलती का क्या होगा?" राजा ने आँखें मटकाते हुए पूछा।

"उसकी वह जाने, उसका क्या होगा? मुझे नहीं मालूम और तुम्हें उससे क्या?" चेतन ने झटकारते हुए जवाब दिया।

"लेकिन एक बार किसी को माफ कर दिया, दो बार कर दिया, लेकिन कोई बार-बार गलती करे तो....... फिर तो जैसे को तैसा करना ही होगा ना?" राजा ने अहम् लेकिन खतरनाक प्रश्न पूछ लिया।

चेतन सिर पर हाथ रख कर सोचने लगा, थोड़ी देर बाद बोला -

एक देव ने राक्षस को बुला कर कहा "देख, मैं तेरी सौ गलतियाँ माफ करूँगा, परन्तु यदि तूने एक सौ एक वीं गलती की तो मैं तेरा सिर धड़ से अलग करने में देर ना करूँगा।"

राजा! मैं पूछता हूँ, अगर देव ने राक्षस की पहली गलती माफ कर दी तो अगली गलती का नम्बर दूसरा कैसे हो सकता है, वह तो पहली ही रहेगी ना! देव गलती माफ नहीं कर रहा था, वह तो गलतियाँ गिन रहा था। माफ कर देने के बाद तो गलती खत्म हो जाती है, याद थोड़ी रखी जाती है।

कभी लोगों को माफ करने के बाद अपने आप में देखना। आज तक जिस तनाव के बंधन में तुम बँधे थे, उससे अपने आप को आजाद महसूस करोगे, रिलेक्स महसूस करोगे, शांति अनुभव करोगे। ये बहुत बड़ी शक्ति है। यह 'Power of forgiveness' "माफ करने की शक्ति" है।

'सॉरी' एक साधारण-सा दिखाई देने वाला शब्द है, पर यह है एक असाधारण, चमत्कारी और ताकतवर शब्द, जिससे आपके चरित्र का अंदाजा लगता है, पर लोग समझते हैं कि 'सॉरी' बोलने से मैं छोटा हो जाऊँगा, मेरी ईगो हर्ट हो जाएगी और सामने वाला मुझे कमजोर समझने लगेगा। बोलना भी है तो सामने वाला बोले, मैं क्यों?

हर व्यक्ति हमेशा अपने को सही समझता है और सामने वाले को गलत।

अरे भाई! जब आपकी गलती हो, तब तो माफी माँगनी ही चाहिए। इसमें तो कोई सोचने की बात ही नहीं है, परन्तु जब आपको यह लगे की गलती मेरी है ही नहीं, तब भी आप ही माफी माँगें तो यह आपकी महानता है।

माफी माँगने के लिए चारित्रिक शक्ति की आवश्यकता होती है, जो एक महान काम है।

निश्चित ही यह एक जादुई शब्द है, परिस्थितियाँ तुरंत 180 डिग्री बदल जाती हैं। विपरीत परिस्थितियाँ भी आपके अनुकूल हो जाती हैं और सबसे बड़ी बात तो यह है कि माफी माँगने वाला तुरंत बोझ से हल्का हो जाता है और अनंत शांति का अनुभव करता है। माफी माँगकर उसने तो अपना काम कर दिया।

यह एक अन्तरंग प्रक्रिया है, बहिरंग नहीं। इसलिए माफी हमेशा दिल के अन्तरंग कोने से बड़ी विनम्रता से ही आनी चाहिए।

माफी माँगने में यह इन्तजार नहीं करना चाहिए कि कौन पहले माफी माँगे, बल्कि इस बात की प्रतिस्पर्धा होनी चाहिए कि पहले माफी कौन माँग लेता है। जो पहले माफी माँगता है, वह हमेशा महान होता है, क्योंकि वह अपने आपको उस हद तक ले गया, जहाँ ईगो समाप्त हो गयी। कौन गलत और कौन सही, इसकी थोपा-थोपी खत्म हो गयी। विनम्रता आ गयी और इसका मतलब वह व्यक्ति सीखने, सुधरने व बदलने के लिए हमेशा तैयार है। जो पहले सॉरी कहता है, वही जीत जाता है।

राजा! हो सकता है, कभी तुम्हें ऐसा लगे कि गलती मेरी नहीं है या मेरा इंटेंशन ऐसा नहीं था, पर सत्यता तो यह है कि मेरी ही किसी वजह से सामने वाले को तकलीफ हुई है, भले ही मुझे यह पता नहीं भी हो। दुनिया के व्यवहार में ''मैं वह नहीं हूँ, जो मैं हूँ, बल्कि मैं वह हूँ, जो सामने वाला मुझे समझता है।'' सामने वाले ने अगर मुझे गलत समझा तो कहीं ना कहीं मेरे गलत प्रस्तुतीकरण या गलत व्यवहार के कारण ही ऐसा हुआ है, इसमें मेरी ही गलती है, लेकिन मेरा इंटेंशन तो ऐसा नहीं था, फिर माफी क्यों? राजा ने जोर देकर कहा।

"पर सामने वाले ने गलत समझा ना। बस, उसका कारण तुम ही हो।"

"पर..."

"पर-वर कुछ नहीं। माफी सच्ची होनी चाहिए और सामने वाले को सच्ची लगनी भी चाहिए। यह बहुत जरूरी है।"

"जब आप यह मानें कि मैंने गलती ही नहीं की है, तब माफी माँगना एवं जब सामने वाला आपसे ना माफी माँगे तो उसे माफ कर देना ही सच्ची महानता है।"

"माफी माँगना चारित्रिक शक्ति है और माफ करना वीरता।"

लोग बदला लेने को वीरता समझते हैं, बदला लेना तो सबसे निकृष्ट काम है और सबसे आसान भी, लेकिन माफ करना सबसे उत्कृष्ट काम है और सबसे मुश्किल भी। इसलिए माफ करने को या क्षमा करने को वीरों का आभूषण कहा है।

"माफ कर देना वीरता है, ना कि बदला लेना।"

"जो महान बनना चाहता है, वह पहले माफी माँग ले और दूसरों को माफ कर दे।"

दुनिया में देशों की लड़ाई से लेकर भाइयों की, दोस्तों की एवं पति-पत्नी की लड़ाई का एक ही कारण है। आदमी हमेशा अपने को सही व दूसरों को गलत समझता है, क्योंकि हरेक व्यक्ति अपने नजरिये से ही परिस्थितियों को देखता है, सामने वाले के नजरिये से नहीं।

चेतन एक और इम्पोर्टेंट बात बताना चाहता था, लेट तो हो रहा था, पर बताने का लोभ भी संवरण नहीं कर पा रहा था। अतः बोल ही दिया -

शेर से लेकर चींटी तक प्रत्येक जानवर इंसान से ही डरता है, परन्तु इंसान इन जानवरों से डरता है। दोनों में यही कशमकश चलती रहती है। जब सामने कुत्ता, घोड़ा, गाय, साँप या शेर आ जाये तो कुत्ता भौंकता है, बन्दर घुड़की मारता है, घोड़ा लात मारता है, गाय सींग मारती है, साँप फुफकारता है और शेर दहाड़ता है। ये सिर्फ अपने अपने बचाव के लिए

ऐसा करते हैं। कहीं आप उन पर हमला ना कर दें और इंसान लाठी या बंदूक इसलिए लेकर चलता है कि कहीं वे उस पर हमला ना कर दें। इंसान और जानवर दोनों एक-दूसरे से डरते हैं और बड़े आक्रामक ढंग से अपने-अपने बचाव करने में लगे रहते हैं। दोनों की एक-दूसरे के प्रति आक्रामकता, एक-दूसरे के प्रति डर का ही प्रतिफल है।

देखो ना! लोग साँप को देखकर बड़ी क्रूरता से मारते हैं। वे उसे मारकर भले ही अपने आप को महान समझें, पर वे उससे डरते हैं, इसलिये उसे मार देते हैं और साँप आदमी से डरता है, इसलिये फुँफकारता है।

जब कोई जानवर या पक्षी अपने बच्चे को जन्म देता है, उस वक्त यदि कोई इंसान उसके पास चला जाये तो वह बहुत आक्रामक हो जाता है। उसकी आक्रामकता आपको मारने के लिए नहीं होती है, बल्कि आपसे डरने के कारण होती है, क्योंकि वह अपने बच्चे की रक्षा करना चाहता है।

एक-दूसरे से बचाव की यह आक्रामक शैली सिर्फ इसलिए है, क्योंकि इंसान और जानवर में वार्तालाप का अभाव है, कम्युनिकेशन गेप है। वे एक-दूसरे को अपनी भावनाएँ नहीं बता सकते। यदि इंसान को मौका लग जाये और वह जानवर के गले पर हाथ फेर कर अपनी भावनाएँ उस तक पहुँचा दे तो जानवर आपके सम्मान में अपनी पूँछ हिलाने लगता है और जीभ बाहर निकालकर आपसे लिपटने की कोशिश करने लगता है।

पालतू जानवर मालिक पर नहीं चीखता है, क्योंकि वह जानता है कि मालिक उसे प्यार करने वाला है।

भावनाएँ तो कठोर इंसान में भी होती हैं, कोमलता तो उसमें भी कूट-कूट कर भरी होती है। बस, उस कोमलता को बाहर निकालने वाला चाहिए। शेरनी के मरने पर क्रूर शेर की भी आँखें गीली हो जाती हैं।

इंसानों में जितने झगड़े होते हैं, आपसी रिश्ते खराब हो जाते हैं, एक-दूसरे को गलत समझने लगते हैं, मिस अंडरस्टैडिंग हो जाती है, एक-दूसरे से खिंचे रहते हैं, आक्रामक हो जाते हैं। इसका मूल कारण भी

आपस में वार्तालाप का अभाव ही है। दोनों पक्ष अपनी-अपनी रक्षा में ही लगे रहते हैं, इसलिए आक्रामक हो जाते हैं। हमें तो जानवरों जैसी भाषा की परेशानी नहीं है ना! तो फिर आपस में वार्तालाप करके एक-दूसरे तक अपनी भावनाएँ क्यों नहीं पहुँचा देते? आपकी भावनाएँ लोगों को पता होनी चाहिए।

प्रकट करो, एक्सप्रेस करो अपने आपको। जैसे हो, बताओ लोगों को कि आप उनको कितना प्यार करते हैं, उनकी कितनी इज्जत करते हैं, उनका सम्मान करते हैं, उन्हें कितना चाहते हैं!

कई बार तो सारी उम्र निकल जाती है और हम अपने माँ-बाप को, सास-ससुर को भी यह एक्सप्रेस नहीं कर पाते हैं कि हम उन्हें कितना चाहते हैं, उनका कितना सम्मान करते हैं। हम अपने बच्चों को भी नहीं बता पाते हैं कि हम उनसे कितना प्यार करते हैं और तो और पति-पत्नी को भी आपस में पता ही नहीं लग पाता कि वे एक-दूसरे को कितना प्यार करते हैं। जीवन भर कन्फ्यूजन ही बना रहता है या शंका ही बनी रहती है।

''पर अपने लोगों को यह बताने में संकोच होता है कि मैं तुमसे प्यार करता हूँ।'' राजा ने सकुचाते हुए कहा।

''यही तो समस्या है। हम परायों से कह देते हैं, पर अपनों से नहीं, बल्कि अपनों को परायों से इसकी ज्यादा जरूरत है। इसी संकोच को तो हटाना है। तभी तो अपने अपनों के नजदीक आयेंगे।'' चेतन ने समझाया।

राजा फिर बोला - ''चेतन! कई बार लोग यह कहते हैं कि तुम ज्यादा बोलते हो? हर बात साफ-साफ कह देते हो तो इससे लोगों को बुरा लग जाता है।''

राजा! मैंने अपनी भावनाएँ प्रकट करने के लिए कहा है। स्वयं जैसे हो, वैसे ही लोगों को बताने के बारे में कहा है। दूसरों के बारे में साफ-साफ कटु कहने के लिए नहीं, मुँह-फट बनने के लिए नहीं कहा है।

''सत्य कटु होता है।'' यह बात मेरी समझ में नहीं आती है, राजा।

सत्य को मधुरता से परोसा जा सकता है, परन्तु यदि कोई कटु बात है तो ऐसे कटु सत्य को बोलना समझदारी नहीं है। ऐसी परिस्थिति में शांत भी तो रहा जा सकता है। बोलना तो हित-मित प्रिय ही चाहिए। यह कह कर शान नहीं दिखानी चाहिए कि - 'भाई! हम तो सत्य ही बोलते हैं, भले ही किसी को बुरा लगे या भला' यह कहकर वे अपनी मूर्खता ही प्रदर्शित करते हैं, समझदारी नहीं।

अगर कभी-कभार किसी से कोई अप्रिय बात कहनी भी है तो सबसे पहले उससे कोई प्रिय बात करें, अच्छी बात करें, फिर कठोर बात करें। और फिर किसी अच्छी और प्रिय बात से ही बात का अंत करें।

देखो ना! डॉक्टर भी सर्जरी के पहले मरीज से प्यार भरी बातें करते-करते बेहोश करता है, फिर काटता है और अंत में फिर सिलाई कर देता है, सीधे चीरा नहीं लगाता।

तुम इसे सेंडविच अप्रोच भी कह सकते हो।

याद रखना, लोगों को तुम्हारे मुँह से कोई अप्रिय बात सुनने में भी खुशी होनी चाहिए, तकलीफ नहीं।

यह कोशिश करो कि लोग तुमसे आकर्षित हों, ना कि प्रभावित। जब तुम लोगों से उनके बारे में उनकी हित-मित-प्रिय बातें करोगे तो आकर्षित करोगे, लेकिन जब तुम सिर्फ अपने बारे में बात करोगे तो हो सकता है कि तुम सामने वाले को प्रभावित कर लो, लेकिन वे तुमसे कभी आकर्षित नहीं होंगे।

अपने में आकर्षण पैदा करो, अपने में चुम्बकीय शक्ति पैदा करो, जिससे लोग तुम्हारी ओर स्वतः ही खिंचे चले आयें।

लोगों को आकर्षित करें, ना कि प्रभावित।

लोगों में कुछ अच्छा देखकर कभी-कभी उनकी प्रशंसा भी करने की भी आदत डालो। कुछ कॉम्प्लीमेंटस देने की आदत डालो, यह तुम्हारी आदत में शामिल हो जाना चाहिए।

''यह तो चापलूसी हो गयी।'' राजा ने टोका।

नहीं राजा, कभी नहीं। पहले मैं भी यही समझता था, परन्तु एक बार मैंने मुंशी प्रेमचंद का एक कोटेशन पढ़ा था – ''स्वार्थवश किसी की प्रशंसा करना चापलूसी है और निःस्वार्थ भाव से किसी की प्रशंसा करना उसकी वास्तविक प्रशंसा है।''

''किसी में कुछ अच्छा हो ही ना तो?'' राजा को लगा कि उसने यथार्थ प्रश्न पूछ लिया।

देखो राजा! एक तो दुनिया में कोई आदमी ऐसा नहीं है, जिसमें कोई भी गुण ना हो या कुछ भी प्रशंसा करने लायक ना हो। बस, हमें वह पता नहीं है या हमारी दृष्टि वैसी नहीं है।

हाँ, ध्यान रखना। गुणों की ही प्रशंसा करना, दुर्गुणों को गुण बनाकर, बढ़ा-चढ़ाकर चापलूसी नहीं करनी। जो तुम्हें लगे तो दुर्गुण, परन्तु तुम उन्हें गुण बनाकर प्रशंसा करो तो निकृष्ट काम है, ढूँढना होगा उसके गुणों को, अपने में ऐसी दृष्टि विकसित करनी होगी, जिससे तुम्हें गुण ही दिखाई दें और दुर्गुण दिखाई ही ना दें तो बस, समझ लेना कि तुम महानता की ओर बढ़ चले।

विलियम ऑर्थर वार्ड ने एक बार कहा था – चापलूसी करना सरल है, प्रशंसा करना कठिन।

जब दृष्टि ही बदल गयी तो क्या शेष रह गया?

एक बात याद रखना ''बंद घड़ी भी दिन में दो बार सही समय दिखाती है।''

''परन्तु यह आसान तो नहीं है कि दुर्गुण दिखाई ही ना दें?'' राजा ने विस्मय से पूछा।

ठीक कहते हो राजा!......पर आसान काम तो सभी किया करते हैं। जो मुश्किल काम करें, वे ही जाँबाज कहलाते हैं।

लोगों में दुर्गुण ना हों, यह तो असंभव है, परन्तु उससे तुम्हें क्या? बात तो तुम्हारी नजर की है। यदि दुर्गुण नजर भी आते हैं तो नजरअंदाज कर दो। पर क्या करें, हमारी प्रवृत्ति ही खोटी है। हमारी नजर ही बुरी वस्तु पर जाती है, अच्छी पर नहीं।

याद रखना, आदमी को वही चीज आकर्षित करती है जो उसमें होती है। इससे हमारी आंतरिक प्रवृत्ति पता चलती है।

अपने आप से शिकायती और आलोचनात्मक नजरिया हटा दो। किसी को कुछ बताना हो तो उसे फीडबैक की दृष्टि से दो, सुझाव दो। यह कहते हुए कि यह मेरा विचार है, सही भी हो सकता है, गलत भी।

''शिकायतों और आलोचना'' के स्वर उस परिस्थिति से अलग होकर निकलते हैं व ''फीडबैक'' में हम उस परिस्थिति में शामिल होकर, जिम्मेदारी महसूस करके सही जगह तक अपनी बात पहुँचाने में कामयाब होते हैं।''

कई लोग तो सिर्फ अपनी उपस्थिति दर्ज कराने के लिए ही शिकायत करते हैं एवं अपने को समझदार दिखाने के लिए आलोचना।

राजा मुँह से कुछ बोलता इससे पहले ही चेतन ने कहा - देखो राजा! किसी के पीछे से भी उसकी निंदा या आलोचना मत करना। यह सही है कि वह सुन नहीं रहा है, लेकिन तुम्हारा अनमोल दिमाग तो खराब हुआ ना और जब कभी भी तुम उससे मिलोगे, वह अप्रत्यक्ष रूप से तुमसे ही सुन लेगा, क्योंकि उस व्यक्ति के सामने आते ही तुमसे पहले तुम्हारे शरीर में से नेगेटिव तरंगें निकलने लगेंगी। तुम्हारी बॉडी लेंग्वेज ही वैसी हो जायेगी, जिससे सामने वाला तुम्हारे विचार बड़ी सरलता से महसूस कर लेगा।

फालतू चीजें भूलकर तुम हमेशा रिलेक्स महसूस करोगे, वरना हम अपने इतने कीमती दिमाग को भूतकाल की व्यर्थ बातों को याद रखने में ही बर्बाद कर देते हैं। जिस दिमाग से आप कुछ नया कर सकते हैं, उसे पुरानी अर्थहीन बातों को बेवजह ही याद कर-कर के अपने दिमाग को सड़ाने के साथ-साथ सामने वाले से सम्बन्ध भी खराब कर लेते हैं। जिन बातों से कुछ भी होने वाला नहीं है, ना तो तुम उसे समझाने वाले हो और ना ही वह सुधरने वाला है। यह सब अनुपयोगी है, व्यर्थ है, कचरा है, तो फिर क्यों ? यह 'Power of forgetfulness भूलने की शक्ति है।

''आज तक तो स्मरण शक्ति बढ़ाने के बारे में सुना था, परन्तु आप

तो भूलने की शक्ति के बारे में बात कर रहे हो?'' कहते हुए राजा थोड़ा मुस्कराया।

''क्या करें?'' चेतन ने लम्बी साँस ली।

''अगर तुम फालतू चीजों को भूलना सीख जाओगे तो उपयोगी बातों को याद रखने की स्मरण शक्ति अपने आप बढ़ जायेगी। साथ ही, कुछ नया कर गुजरने की शक्ति भी आ जायेगी।''

''शुरू में यह काम बलपूर्वक करना पड़ेगा, फिर धीरे-धीरे आदत बन जायेगी।''

अल्विन टोफलर ने कहा है - ''21वीं सदी के निरक्षर वे नहीं होंगे जो पढ़ना-लिखना नहीं जानते, बल्कि वे होंगे जो सीखना, भूलना और पुनः सीखना नहीं जानते।

जूस का गिलास उठाते हुए चेतन ने एक बड़ी महत्त्वपूर्ण बात कह डाली -

''अपने कर्तव्य और दूसरों के अधिकारों का ध्यान रखो'' पर लोग उलटा करते हैं, अपने अधिकारों का एवं दूसरों के कर्तव्यों का ध्यान रखते हैं।

अपने कर्तव्यों और दूसरों के अधिकारों का ध्यान रखोगे तो ना तो किसी की कोई बुराई पर नजर जायेगी, ना ही किसी से कोई अपेक्षा होगी और ना ही किसी से कोई झगड़ा होगा।

जब आप हमेशा अपने कर्तव्यों और दूसरों के अधिकारों का ध्यान रखोगे तो मुझे क्या करना है, इस पर ही नजर रहेगी। सामने वाले को क्या करना चाहिए, यह अपेक्षा ही नहीं रहेगी, सामने वाला कुछ भी करे। जब हमने उसके द्वारा किये गये कार्य को उसका अधिकार मान लिया तो समस्या ही समाप्त हो गयी।

पत्नी की माँग उसका अधिकार है एवं उसे पूरा करना आपका कर्तव्य। माता-पिता की अपेक्षा उनका अधिकार है एवं उसे पूरा करना आपका कर्तव्य। नौकरी में बॉस का डाँटना उसका अधिकार है एवं उस

समय चुप रहना आपका कर्तव्य। अपनों का असंतुष्ट रहना उनका अधिकार है एवं उन्हें संतुष्ट रखना आपका कर्तव्य। शिकायत करना लोगों का अधिकार है एवं उसे पूरा करना एवं मधुर व्यवहार रखना आपका कर्तव्य। गलती ना करने पर भी गलतफहमी के कारण सामने वाले का नाराज होना उसका अधिकार है और माफी माँगना आपका कर्तव्य। पार्किंग वाले का पैसा माँगना उसका अधिकार और उसे मुस्कराते हुए पैसे देना आपका कर्तव्य। कानून ना पालने पर पेनल्टी लेना अथोरिटी का अधिकार है एवं उसे बिना टेंशन के पूरा करना आपका कर्तव्य है।

इस सिद्धांत को जीवन के हर पहलू में ढालना होगा।

''चेतन ऐसे आदमी से तो कोई झगड़ ही नहीं सकता और ना ही किसी को परेशानी हो सकती है और ना ही यह व्यक्ति कभी दुखी हो सकता है।'' राजा समझते हुए बीच में ही बोल पड़ा।

''हाँ राजा! हमें स्वकेन्द्रित होना है, परकेन्द्रित नहीं। हमें क्या करना है, यह हमें सोचना है। दूसरे को क्या करना चाहिए, यह हमारा काम नहीं है, परन्तु लोग 'परकेन्द्रित' होते हैं, दूसरों को क्या करना चाहिए, इसी उधेड़बुन में लगे रहते हैं और खुद का होश ही नहीं है।''

आजादी के बाद पंडित नेहरु किसी आमसभा को सम्बोधित कर रहे थे। सभा के बीचों-बीच एक बुढ़िया खड़े होकर देश के प्रधानमंत्री से सीधे पूछती है - ''पंडित जी, आज भी हमारे पास दो वक्त की रोटी नहीं है, सिर पर छत नहीं है, पुलिस वाले अत्याचार करते हैं, क्या इसी का नाम स्वतंत्रता है?''

पंडित जी बड़े ध्यान से बुढ़िया की पूरी बात सुनने के बाद बोले - "माँ! देश की एक सामान्य महिला देश के प्रधानमंत्री से भरी सभा में यह प्रश्न पूछ सकती है, इसी का नाम स्वतंत्रता है। पर मेरा प्रश्न यह है कि तुमने इस देश के लिए क्या किया, कभी ये सोचा?''

अधिकारों में माँग की बू आती है और कर्तव्यों में जिम्मेदारी की सुगंध है, अधिकारों से काँटे उत्पन्न होते हैं व कर्तव्यों से फूल, अधिकार

चुभते हैं और कर्तव्य मखमली अहसास देते हैं।

राजा बोला - ''पर अपनों से अपेक्षायें तो होती ही हैं ना!''

नहीं राजा, ऐसा नहीं है। ये इंसान ही अपने परिकर से मनगढ़ंत अपेक्षायें गढ़ लेता है और वे पूरी होती ही नहीं हैं, क्योंकि आज तक कभी किसी की अपेक्षायें पूरी हुई ही नहीं हैं। बस, इसी कारण इंसान दुखी रहता हैं।

जब अपेक्षा ही दुख का कारण है तो हम अपेक्षा ही क्यों रखें। जो मिल जाये, उसे प्रीविलेज मानें, अपेक्षा से अधिकार की बू आती है और जब अपेक्षा समाप्त हो जाती है तो सिर्फ अपने कर्त्तव्य की सुगंध ही आती है।

हमारी अपेक्षायें इतनी अधिक होती हैं कि हम किसी की दावत को भी टुकड़ा मानते हैं और यदि अपेक्षायें ही समाप्त हो जायें तो टुकड़ा भी दावत लगने लगता है।

इसलिए हमारी प्रवृत्ति किसी के द्वारा दिये गये ''टुकड़े को भी दावत समझने'' की होनी चाहिए।

किसी से भी सम्बन्ध खराब होने के मात्र दो ही कारण हैं- एक उपेक्षा और दूसरी अपेक्षा।

अपेक्षायें कभी पूरी होती ही नहीं हैं। बस, यहीं से सम्बन्ध खराब होने की नींव रखी जाती है। यदि हम किसी की उपेक्षा कर दें तो सम्बन्धों की चासनी में नीम की कड़वाहट पैदा हो जाती है।

लोगों का ध्यान अच्छाई पर नहीं जाता है और कभी-कभी अपेक्षायें अपने आप इतनी अधिक हो जाती हैं कि बड़ी से बड़ी अच्छाई भी नजरअंदाज हो जाती है।

किसी व्यक्ति को नजरअंदाज मत करो। उसे यह महसूस कराओ कि वह आपके लिए महत्त्वपूर्ण है।

''आपके द्वारा किसी को महत्त्वपूर्ण होने का अहसास दिलाना स्वयं का सम्मान बढ़ाना है।''

विचित्रता यह है कि लोग सोचते हैं कि सामने वाले को महत्त्वपूर्ण होने का अहसास दिलाने से हम छोटे हो जायेंगे और वह बड़ा। किसी को बड़ेपन का अहसास तो कराओ, अहसास कराने वाले तो आप हो, अहसास कराने वाला बड़ा होगा या छोटा?

''बड़प्पन तो दूसरे को महत्त्वपूर्ण होने का अहसास कराने में है, स्वयं महत्त्वपूर्ण हूँ, यह जताने में नहीं।''

इसीलिए कभी किसी से अपेक्षा ना करो और ना ही किसी की उपेक्षा और ना ही अपने आपको महत्त्वपूर्ण होने का अहसास कराओ।

हम ना जाने कौन-कौन से गड़े मुर्दे उखाड़-उखाड़ कर आलोचना, निंदा, बुराई और शिकायत-शिकवे कर स्वयं का मन भी खराब करते हैं और वर्तमान के संबंध भी खराब कर लेते हैं।

अगर हम अपने चिन्तन पर चिन्तन कर लें तो चिन्तन ही बदल जाये। हम चिन्तन पर चिन्तन न करके उसी चिन्तन को पकाते रहते हैं, जिससे वह चिन्तन चिन्ता बन जाती है।

सूरज अपने ताप की ओर बढ़ रहा था। आज चेतन को भी बातों में बहुत देर हो गयी थी, परन्तु राजा छोड़ना नहीं चाहता था। चेतन यह कह कर उठ गया - राजा, काफी देर हो गयी है, घंटे भर बाद ऑफिस में मेरी एक मीटिंग है, अतः मुझे निकलना होगा।

राजा को मायूस-सा देखा तो बोला- एक काम करो, कल सुबह इसी टाइम पर आ जाना। इतना सुनते ही राजा का चेहरा खिल उठा।

चेतन तो बड़े-बड़े पग भरता हुआ निकल गया, पर राजा गहरी सोच में डूब गया। आज दिमागी खुराक काफी मिल गयी थी, उठने का जी नहीं कर रहा था।

मोबाइल बजा, तन्द्रा टूटी, चेहरे की कोशिकायें खिल उठीं, आँचल का फोन जो था, परन्तु अगले ही पल मुरझा गया।

उधर से आँचल बोली- ''घर में मोबाइल का बिल आया है।'' इतना सुनते ही राजा समझ गया, क्योंकि दो दिन पहले ही किसी ने भारी-सी

आवाज में बड़ी बदतमीजी से नहीं तो तमीज से भी नहीं, बात की थी।

''पता लग गया राजा!'' कंपित आवाज में आँचल बोली।

''कैसे ?'' राजा भी डरा हुआ था।

''कह तो रही हूँ, बिल पकड़ा गया, पर मैंने तुम्हारा नाम नहीं बताया है।'' आँचल ने फुसफुसाते हुए कहा।

''तो'' राजा असंमजस में था।

''तो क्या'' आँचल चिल्लाई।

''क्या करें ?'' राजा निर्दोषता से भरा हुआ बोला।

''पता नहीं'' आँचल किंकर्त्तव्यविमूढ़-सी आवाज में बोली।

''देखते हैं'' राजा समाधानात्मक स्वर में बोला।

''पर मिलें कैसे ? कब ? मुझ पर नजर बढ़ गयी है।'' आँचल असहाय-सी बोली।

''चिंता मत करो, कुछ करता हूँ।''

राजा डर भी रहा था। पहली बार जो घटा था। ना जाने कौन-कौन-सी निराधार बातें मानस-पटल पर कब्जा जमाने लगी थीं। ना जाने कौन-कौन-सी हिन्दी फिल्मों के दृश्य आँखों के सामने मँडराने लगे थे। साहस बटोरता हुआ अपनी बाइक पर पॉश्चर बनाता हुआ निकल गया।

दिमाग तो काम नहीं कर रहा था, परन्तु चेतन ने कहा था- ''कोई भी निर्णय असामान्य अवस्था में नहीं लेना चाहिए, सामान्य अवस्था में ही लेना चाहिए। अशांति में नहीं लेना चाहिए, शांति में ही लेना चाहिए।'' इसलिए राजा अपने मन पर काबू पाता हुआ सामान्य होने की कोशिश कर रहा था।

विजय की तबीयत सुधरने का नाम ही नहीं ले रही थी। दमा के अटैक के साथ-साथ पेट दर्द भी बढ़ने लगा था। विजय की टालमटोली के बाद जब जबरदस्ती डॉ. खरे को दिखाया तो सारे हतप्रभ हो गये। कैंसर का टेस्ट जो लिख दिया था। कैंसर का नाम सुनते ही घरवालों के तीन दिन तीन दशक जैसे निकले। ना भूख, ना प्यास, रिपोर्ट आयी तो मानो पहाड़ ही टूट पड़ा! पेट में ट्यूमर जो निकला। ललिता का तो रो-रोकर बुरा हाल हो गया। विजय को अभी तक कुछ बताया नहीं, परन्तु राजा सुन्न-सा हो गया।

ललिता के मानस-पटल पर अपने पीहर का सारा दृश्य चलचित्र की भाँति घूम गया। उसे याद करके ललिता और परेशान हो गयी, क्योंकि उसने अपने भाई की दशा और भाभी की दुर्दशा देखी है, जिनकी मौत भी कैंसर से ही हुई थी। साथ ही उसे विजय की मनःस्थिति की चिन्ता भी खाये जा रही थी। कैसे बताये यह सब विजय को!

इधर राजा को परेशानी के साथ-साथ जिम्मेदारी का भी अहसास होने लगा था। ललिता के लिए भी कोई और सहारा तो था नहीं। बस, राजा ही था।

अभी तक तो पता भी नहीं था कि कैंसर है और जब पता चला तो लास्ट स्टेज पर। सभी तनावग्रस्त थे, साथ ही किंकर्त्तव्यविमूढ़ भी।

विजय के शरीर को मानो घुन लग गयी थी। दिन-प्रतिदिन क्षीण होता जा रहा था, पर रोगग्रस्त शरीर को भी अंतिम स्टेज तक बचाना कौन छोड़ता है!

राजा को अब फाइलों का बस्ता लिये दिन में अस्पतालों के चक्कर एवं शाम को डॉक्टरों के घर के चक्कर लगाने से ही फुर्सत नहीं मिल रही थी।

विजय के दोस्त मनोहर को जब पता चला तो सहानुभूति दिखाने चला आया और मुँह उतारते हुए विजय से बोल ही दिया- ''विजय, यह बीमारी ही ऐसी है। चिंता मत करो, जितने दिन बचे हैं.....।''

''क्या हो गया है मुझे मनोहर?'' विजय ने शंका से पूछा।

''कोई बात नहीं विजय, सब ठीक हो जायेगा।''

''पर हुआ क्या है?'' विजय ने फिर जोर देकर पूछा।

''कैंसर हो गया है ना विजय!'' भोलेपन से मनोहर ने बताते हुए पूछा।

''क्या?'' आश्चर्यचकित, सशंकित, भयभीत स्वर में विजय चीखा।

''हाँ, मुझे तो ऐसा ही पता है, मनोहर ने छाप लगाई।''

''राजा! राजा!! अरे ओ राजा!!!'' विजय ने चिल्ला कर आवाज लगाई और विजय के सामने अभी तक छिपा हुआ राज खुल गया।

घर में सन्नाटा छा गया।

अब शरीर के साथ-साथ विजय के मनोबल को भी बनाये रखना महत्त्वपूर्ण ही नहीं, आवश्यक हो गया था।

ललिता विजय के सामने आती तो हिम्मत का मुखौटा व बहादुरी की चादर ओढ़ लेती, पर अंदर से वह पूरी तरह टूट चुकी थी, परन्तु राजा अपने साथ-साथ दोनों को सम्हालने की भरपूर कोशिश में लगा रहा।

सहानुभूति मिश्रित सहारा आँचल से मिल सकता था, पर अब तो उसका भी चांस जा चुका था। उससे मिलना भी नसीब नहीं हो रहा था। वह गुत्थी भी उलझ पड़ी थी।

विजय अपने ऑफिस में काम के साथ न्याय तो महीनों से नहीं कर पा रहा था, पर अब तो जाना ही असंभव था। जैसे ही उन्हें पता लगा तो आज दोपहर ही उसके ऑफिस से सर्विस मुक्ति का प्रेम-पत्र भी आ गया।

ललिता एक साथ इतना सब सहन नहीं कर पायी। शाम को खाने के पहले ही चक्कर खाकर बाथरूम में गिर पड़ी। तुरंत अस्पताल ले जाया गया तो पता चला कि हार्ट-अटैक था।

डॉक्टर की सलाह के बावजूद, बहुत चाहते हुए भी राजा ने ललिता को भर्ती नहीं कराया, भुगतान कहाँ से करता। अब तो उसे पाई-पाई गिननी पड़ रही थी।

इसमें क्या नई बात है? यह तो दुनिया का नियम है। चढ़ते सूरज के साथ पराये भी अपने हो जाते हैं और ढलते सूरज के साथ अपने भी पराये हो जाते हैं। सगे-सम्बन्धी, नातेदार-रिश्तेदार, मित्र-दोस्त सब किनारा कर लेते हैं। वे इस बात से भयाक्रान्त रहते हैं कि कहीं कोई उनसे कुछ माँग ना ले।

भाग-दौड़ के कारण राजा का शरीर टूट रहा था और उससे ज्यादा वो मानसिक रूप से थक गया था। शारीरिक दर्द तो सहन हो जाता है, पर मानसिक दर्द सहन करना आसान नहीं होता है। इसलिए बैठे-बैठे ही राजा की आँख लग गई।

मोबाइल बजा, अनजान नम्बर देख उनींदी हालत में राजा ने मायूस व रूखे स्वर में कहा - ''हैलो!''

वहाँ से कोमल मधुर स्वर में आवाज आई - ''राजा, कहाँ हो?''

''अरे, ये तो आँचल की आवाज है।''

कई दिनों बाद अपनी आँचल की आवाज सुनकर राजा उछलता हुआ पलंग पर ही खड़ा हो गया और हाथ पंखे से टकरा गया। जोर की एक चीख निकली और फोन हाथ से छूट कर बिखर गया।

चीख सुनकर ललिता रसोई से भागी। राजा अपना बायाँ हाथ पकड़े पलंग पर उलटा पड़ा था। आस-पास खून बिखरा था, बायें हाथ की दो

उँगलियाँ लटक गयी थीं। बस, हथेली से अलग ही नहीं हुई थीं। ललिता ने टैक्सी बुलाई और राजा को लेकर अस्पताल भागी।

उधर आँचल ये समझ बैठी कि राजा ने उसकी आवाज सुनकर फोन काट दिया। राजा की इस बदतमीजी को देखकर उसकी भौंहें तन गईं। बड़ी मुश्किल से तो उसे किसी और के फोन से इतने दिनों बाद बात करने का मौका मिला था।

इधर राजा दर्द के मारे चीख रहा था और उधर आँचल गुस्से के मारे मन ही मन चीख रही थी।

गुस्से एवं अपने ही द्वारा दिये गये मीनिंग के कारण आँचल जीवन भर बात ना करने की कसमें खाने लगी और ना जाने कौन-कौन-सी कल्पनातीत कहानियाँ गढ़ने लगी। ''राजा मुझे इग्नोर कर रहा है, मुझे क्या दिखाना चाहता है! उसे क्या पता, मैं उसके कारण अपने घर में कितनी परेशान हूँ और वो सोचता है कि मैं जान-बूझ कर ही उससे बात नहीं कर रही हूँ। खैर, कोई बात नहीं, मैं भी दिखा दूँगी उसे।''

आँचल से बात ना हो पाने का राजा को दुख तो बहुत हो रहा था, लेकिन क्या करता! बेचारा बेबस था।

हमारे ज्ञान के अनुसार ही ज्ञेय (वस्तु) जानने में आते हैं, ज्ञेय के अनुसार ज्ञान कभी नहीं होता। हम हमारे ज्ञान के अनुसार ही वस्तुओं को देखते हैं, वस्तुओं के हिसाब से हमारा ज्ञान नहीं होता। सूर्य के अस्त एवं चन्द्रमा के उदय काल में भी हम सूर्य को चन्द्रमा जानें तो वह हमारे ज्ञान के अनुसार ज्ञेय जानने में आया, जबकि वह तो सूर्य ही है, चन्द्रमा नहीं। ज्ञेय के अनुसार ज्ञान नहीं हुआ, ज्ञान के अनुसार ज्ञेय जानने में आया।

आँचल तो वही समझ रही थी, जो वह समझ रही थी। सत्य नहीं समझ रही थी, पर जो समझ रही थी उसे ही सत्य समझ रही थी।

हमारी तकलीफ ही यही है। हम जो भी मानते है, उसे ही सत्य मानते हैं। उसी के तर्क एवं सबूत आस-पास से बटोरते रहते हैं और अपनी ही मान्यता को पुष्ट करते रहते हैं। दिमाग भी फिर उसी दिशा

में चलता है और फिर हम सामने वाले से वैसा ही व्यवहार करने लगते हैं। सामने वाला उस वर्तमान के व्यवहार को देखकर व्यवहार करता और बात बिगड़ती चली जाती है।

राजा और ललिता अस्पताल से घर लौटे तो राजा के हाथ में बड़ा-सा पट्टा देखते ही विजय की आँखें छलक आयीं।

आदमी अपना दर्द तो सहन कर सकता है, पर अपनों का नहीं।

आँचल पर नजर तो काफी रखी जाने लगी थी, पहरा भी बढ़ गया था, पर राजा ने जैसे-तैसे उसकी फ्रेंड रश्मि के सहारे मिलने की प्लानिंग कर ली।

कॉलेज के नुक्कड़ वाली चाय की थड़ी पर राजा मुढ्ढे पर रश्मि के फोन का इंतजार करने लगा और आँचल के मिलने पर होने वाली स्थिति का मन ही मन चित्रांकन करने लगा- वह रोते-रोते मेरे पास आयेगी और भरी नजरों से मुझे देखेगी। मेरे हाथों में अपना हाथ दे देगी तो मैं उस वक्त क्या करूँगा?

इसी बीच मोबाइल बजा- रश्मि ने बताया, वह आ गयी। राजा भागा, पर आँचल राजा को अनदेखा कर पीठ दिखा कर चली गई। मायूस राजा ने रश्मि से ही आँखों ही आँखों में पूछा- "क्या बात है?"

रश्मि ने कंधे उचकाये और मुँह बिचकाकर उत्तर दे दिया- "मुझे क्या पता?"

अब तो राजा के पेट का पानी ऊपर का ऊपर और नीचे का नीचे रह गया। माथे पर पसीने की बूँदें चमक उठीं। असहाय राजा अपने आपको अपराधी मानने लगा, पर उसे यह समझ नहीं आ रहा था कि अपराध क्या हो गया।

उधर विजय की कीमो थैरेपी का टाइम हो गया था, अतः तुरंत अस्पताल भागना पड़ा।

अस्पताल में बैठे-बैठे राजा ने आँचल के साथ बिताये हर पल को छान मारा पर नतीजा कुछ नहीं निकला।

कॉलेज में राजा को देखकर आँचल के मन में भी उथल-पुथल शुरू

हो गयी थी। वह कैसे बच सकती थी, वह राजा को भुलाने की भरपूर कोशिश कर रही थी, परन्तु भुला नहीं पा रही थी। भुलाने की कोशिश करने से कभी भुलाया नहीं जा सकता, बल्कि यादें ही ताजा होती रहती हैं।

राजा तो धीरे-धीरे आँचल को अपने घर में आना-जाना शुरू करवाना चाहता था, जिससे एक बार आँचल की सेटिंग माँ से हो जाये तो काम काफी आसान हो जाये, परन्तु यह क्या ? बात ही उलटी पड़ गई।

अस्पताल में बैठे-बैठे राजा ने आँचल के नाम कुछ लिखा-

आँचल,

मैं नहीं जानता, तुम्हारी नाराजगी का कारण। यदि पता चले तो शायद दूर करने की ट्राई करूँगा, क्योंकि पहली बार तुम्हें देखकर मुझ डूबते हुए को मानो तिनके को सहारा मिल गया था, लेकिन....। शायद यह सुख मेरे भाग्य में नहीं था।

विश्वास मानो, मेरी कोई भावना तुम्हें तकलीफ पहुँचाने की नहीं थी, लेकिन यह तो निश्चित है कि तुम्हें मेरी किसी बात या व्यवहार से चोट अवश्य पहुँची है, वरना तुम ऐसा व्यवहार नहीं करतीं। मुझे माफ करना।

आँचल, मैं और मेरा परिवार इस वक्त जिस दौर से गुजर रहे हैं, उसमें मुझे तुम्हारे सहारे की बहुत आवश्यकता है। I need you, Aanchal.

मैं इस दोस्ती को एक रिश्ते का नाम देना चाहता हूँ, पर उसमें तुम्हारी भी तो उतनी ही सहमति चाहिए। खैर... यदि तुम्हें दोस्ती भी नहीं रखनी है तो यह तुम्हारा निर्णय होगा। मैं तुम्हारे निर्णय की रेस्पेक्ट करूँगा।

मिलोगी तो बताऊँगा कि इन दिनों क्या-क्या नहीं बीत गया!

तुम्हारा,

राजा

पत्र में राजा ने अपने मन का बोझ कागज पर उतार दिया और मौका पाते ही पत्र रश्मि को दे दिया। ■

सूर्योदय के पूर्व सूर्य की लालिमा से आसमान रक्तिम हो रहा था एवं बादलों के कारण सूर्य कहीं ना कहीं से निकलने के लिए बेताब था, मानो किसी धुनिया कलाकार की पेन्टिंग केनवास से बाहर निकल आयी हो!

आज राजा भरी आँखें लेकर नेहरू पार्क पहुँच तो गया, परन्तु परेशान था, टूट गया था। चारों तरफ से जकड़ा, असहाय एवं अकेला महसूस कर रहा था। उदास था, कुछ अच्छा नहीं लग रहा था। कमर झुकाकर सिर पर हाथ रखकर बैठा था, पीछे से किसी ने सिर पर हाथ रखा। मुड़कर देखा तो राजा जबरन मुस्कराने की कोशिश करता हुआ खड़ा हो गया।

"अरे ये क्या?" चेतन ने राजा के हाथ पर बड़ा-सा पट्टा देखकर आश्चर्य से पूछा।

"बस, कुछ नहीं ऐसे ही।" उदास राजा ने अनमने मन से परेशानी के स्वर में जवाब दिया।

चेतन के एक बार और पूछने पर भरे हुए राजा ने अपने ऊपर टूट पड़े मुसीबतों के पहाड़ की सारी आप-बीती सुना दी, कहते-कहते राजा

का गला रुँध गया और आँखें भर आयीं। बाकी शब्द अन्दर ही रह गये।

चेतन ने स्थिति भाँप ली। राजा के कंधे पर हाथ रखकर ढाढस बँधाते हुए कहा –

राजा, दुनिया में कभी भी प्रॉब्लम (समस्या) नहीं होती है। सिर्फ फेक्ट (तथ्य) होता है, क्योंकि जो घट चुका है वह फेक्ट है, जो हो चुका वह फेक्ट है। भले ही एक समय पहले घटे या वर्षों पहले, घटना घट चुकी ना। बस, वह फेक्ट हो गई, क्योंकि अब उसमें कुछ हो ही नहीं सकता, लेकिन हम उस फेक्ट को अपनी प्रॉब्लम समझ बैठते हैं और उसी प्रॉब्लम में उलझ कर रह जाते हैं और उसी उलझन से हमारी मनगढ़ंत स्टोरी का जन्म होता है, फिर किसी को ब्लेम (दोषारोपण) करने लगते हैं। इससे हम स्वयं ही अपसेट हो जाते हैं, दुखी हो जाते हैं। फिर उसकी एक स्टोरी बना लेते हैं, जिसे हर समय दुहराते हैं, जिससे और ज्यादा परेशान हो जाते हैं और यह चक्र लम्बे समय तक चलता रहता है।

मान लो, मेरा बेटा चौथी मंजिल से नीचे गिरा। अब यह फेक्ट है या प्रॉब्लम? फेक्ट है, क्योंकि घट चुका, पर हम इसे मानते हैं प्रॉब्लम, तो उसमें उलझ कर रह जाते हैं और अपनी मनगढ़ंत स्टोरी बना लेते हैं। फिर किसी पर ब्लेमिंग शुरू कर देते हैं। पत्नी से कहते हैं कि तूने बच्चे का ख्याल नहीं रखा। वह कहती है – 6 महीने से कह रही हूँ, रेलिंग लगवा दो, पर आप सुनते कहाँ हैं..... ? और ना जाने क्या-क्या? एक-दूसरे पर छींटाकसी शुरू हो जाती है, जबकि फेक्ट में कुछ हो ही नहीं सकता।

इस ब्लेमिंग से हम खुद ही अपसेट हो जाते हैं, परेशान हो जाते हैं। बातों में से बातें निकलनी शुरू हो जाती हैं और फिर बातचीत बढ़ जाती है और फिर नई स्टोरी बननी शुरू हो जाती है। स्टोरी में से स्टोरी निकलनी शुरू हो जाती है। हम अत्यधिक परेशान हो जाते हैं और अपने आप को समस्याओं से घिरा मानने लगते हैं।

"मानो मुझे 10 लाख का घाटा लग गया। अब यह फेक्ट है या प्रॉब्लम?"

राजा बोला – ''फेक्ट है, क्योंकि घट चुका।''

''बिल्कुल राजा पर हम इसे मानते हैं प्रॉब्लम तो उसमें उलझकर रह जाते हैं और अपनी मनगढ़ंत स्टोरी बना लेते हैं, फिर किसी ना किसी पर ब्लेमिंग शुरू कर देते हैं। यदि कोई सामने ना दिखे तो मौसम या सरकार पर ही शुरू हो जाते हैं। इससे अपसेट हो जाते हैं। फिर उससे नई स्टोरी बननी शुरू हो जाती है, फिर और परेशान हो जाते हैं और अपने आपको महा दुखी मानने लगते हैं।''

वास्तविकता में, जो घटना घटी, वह फेक्ट है, क्योंकि वह घट चुका है। उसे यदि हमने फेक्ट ही माना तो फिर हम क्या करेंगे? अब सोल्यूशन ढूँढेंगे, तुरन्त ही दिमाग सोल्यूशन की ओर दौड़ेगा। सोल्यूशन मिलते ही, जिसे समस्या माना था, वह ही समाप्त हो जायेगी तो अपसेट होने का काम ही खत्म हो गया। खुशी और प्रसन्नता ही रही।

राजा, अब उसी बात को समझो। बच्चा चौथी मंजिल से गिरा, यह फेक्ट है, क्योंकि घटना घट चुकी। उसे फेक्ट ही मानें, जब किसी फेक्ट को फेक्ट मानोगे तो नजर सिर्फ सोल्यूशन पर जायेगी। उसका सोल्यूशन क्या है? तुरन्त अस्पताल ले चलें, बस फिर क्या? जो डॉक्टर को करना है, वह करेगा।

10 लाख का घाटा लगा, लग चुका। ये फेक्ट है। फेक्ट को फेक्ट माना तो सोल्यूशन क्या है?

''और कमाई करना'' राजा बोल पड़ा।

''तो शुरू करो'' घाटा अपने आप पूरा हो जायेगा।

फिर भी राजा थोड़ा असमंजस में दिखा तो चेतन बिना किसी संकोच के नीचे झुका और उँगली से ही मिट्टी में लिखने लगा –

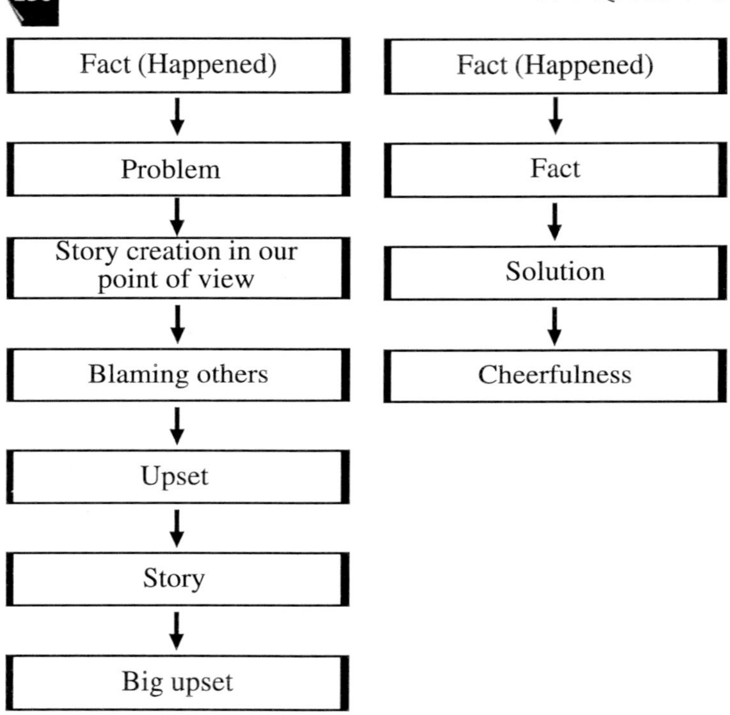

हम जितना समय प्रोब्लम को देखने में, उसे ही सोचने में एवं उसी में उलझने में बिता देते हैं, उससे चौथाई समय में तो उसका समाधान निकाल कर सुखी हो सकते हैं।

''राजा, एक बात बताओ, तुम्हारे साथ यह सब हो चुका है ना, घट चुका ना ?''

राजा ने हामी में सिर हिलाया।

''जो घटना घट चुकी, उसमें अब तुम कुछ भी फेर-बदल कर सकते हो ?'' चेतन ने फिर पूछा।

राजा ने 'नहीं' का सिर हिलाया।

"जब उसमें कुछ हो ही नहीं सकता तो फिर यह सब तो तुम्हारी स्टोरी हो गई। जो हो चुका वह सत्य है, फेक्ट है, बाकी सब तो स्टोरी है। काल्पनिक कहानी है। हम हमारी पूरी जिन्दगी सिर्फ स्टोरी में ही बिता देते हैं। सत्य तो हो चुका, उसमें तो कुछ हो ही नहीं सकता। हम सब स्टोरी में ही उलझे रहते हैं।

इस स्टोरी को छोड़ दो, सिर्फ सोल्यूशन पर, समाधान पर ध्यान दो।

देखो राजा! हम किस तरह किसी भी फेक्ट को कैसे स्टोरी में बदल देते हैं और स्टोरी को फेक्ट में और उसी में उलझे रहते हैं और हम स्वयं ही हमारी बनाई हुई स्टोरी को फेक्ट मान लेते हैं और जो हो चुका, उसे स्टोरी से जोड़ लेते हैं। कहते हुए उसने फिर उँगलियाँ मिट्टी में घुमानी शुरू कर दीं -

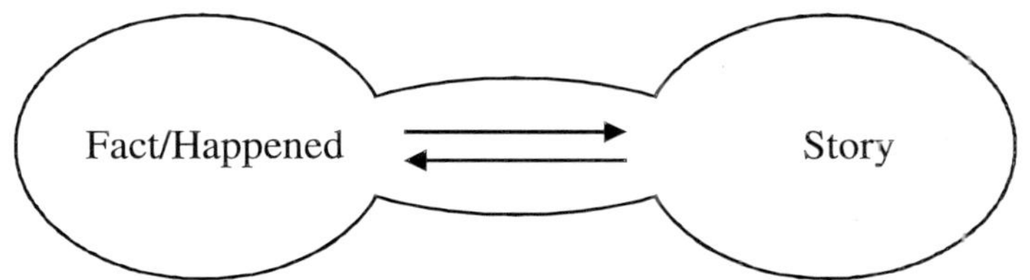

एक समय पहले तक जो घट चुका, उसमें हम कुछ कर ही नहीं सकते हैं। वो अब हमारे हाथ में नहीं रहा एवं भविष्य पर हमारा कुछ चलता ही नहीं है। वो भी हमारे हाथ में नहीं है और वर्तमान तो मात्र एक समय का है, जो हमारे हाथ में है। मजे की बात यह है कि हम वर्तमान पर तो ध्यान देते नहीं हैं। बस, भूत या भविष्य में ही उलझे रहते हैं।

चेतन ने अपनी बात को आगे बढ़ाते हुए कहा- एक वैज्ञानिक विश्लेषण के अनुसार हमारा दिमाग 70-80 प्रतिशत अतीत की बातों में उलझा रहता है। 19-29 प्रतिशत भविष्य की बातों में एंगेज रहता है एवं मुश्किल से 1 प्रतिशत वर्तमान में रहता है।

वर्तमान सिर्फ एक समय का है, जो एक पल का भी अंश है, उससे भी छोटा है। उसे सम्हालना कितना आसान है। जब तक हम वर्तमान के बारे में सोचते हैं, वह पल भूतकाल हो जाता है और आगामी समय अभी आया नहीं है, वह भविष्य के गर्त में है। भूतकाल में कुछ हो नहीं सकता, भविष्य में कुछ किया नहीं जा सकता। सिर्फ वर्तमान ही तो है, सम्हालने के लिए।

अब राजा की आँखों में चमक दिखाई देने लगी, क्योंकि उसे चेतन की बातें समझ आ रही थीं। तो बीच में ही बोल पड़ा –

''चेतन, तो वर्तमान इतना–सा ही बचा, सोचा और एक समय बाद तो वो भूत हो गया एवं भविष्य अभी आया नहीं है। वो एक समय बाद आयेगा।''

''हाँ! हाँ!! राजा बिलकुल ऐसा ही है।''

सुनो!

एक व्यक्ति 100वीं मंजिल से नीचे गिर गया। 70वीं मंजिल पर किसी ने उससे पूछा – ''कैसे हो?'' वह बोला – ''अभी तक तो ठीक हूँ।'' क्योंकि वह वापस 100वीं मंजिल पर जा नहीं सकता। वह तो घटना घट चुकी एवं भूतकाल हो गया तथा अभी जमीन पर गिरा नहीं, वह भविष्य है।

वास्तव में, वर्तमान में तो वह व्यक्ति हवा में तैरने का अविस्मरणीय आनंद ले रहा है, लाइफ टाइम एक्सपीरियंस ले रहा है और यह आनंद वो जमीन पर गिरने के एक समय पहले तक लेगा और अगले पल गिरकर बिखर कर मर जायेगा। जब मर ही गया तो दुख कहाँ रहा, वह तो समाप्त हो गया।

सामान्य लोग तभी अपने को मरा हुआ मान लेते हैं, जब वे 100वीं मंजिल से गिरे थे। कुछ तो नीचे गिरने से पहले रास्ते में ही मर जाते हैं। वे सिर फटने से नहीं मरे, बल्कि भविष्य में सिर फटने वाला है, इस घबराहट के कारण हुए हार्टफेल से मरे।

हम स्टोरी को महीनों तक, वर्षों तक अपने साथ घसीटते रहते हैं।

जैसे छोटे बच्चे अपने साथ किसी खिलौने को पतली-सो डोरी से घसीटते रहते हैं।

इतने में चेतन की नजर एक आदमी पर गई, जो कुत्ते के साथ था। राजा को इशारा करते हुए बोला - देखो ना, वह अपने कुत्ते को जबरदस्ती अपने साथ घसीट रहा है, कुत्ता नहीं जाना चाहता है तो भी। बस, ऐसे ही हम किसी भी तथ्य, जो घटना घट चुकी, जो हो चुका, जिसमें हम कुछ भी नहीं कर सकते, उसकी एक बढ़िया-सी स्टोरी बनाते हैं और उस मनगढ़ंत झूठी-सच्ची स्टोरी को जो हमारे द्वारा ही बनाई गई है, अपने साथ घसीटते रहते हैं और परेशान होते रहते हैं। छोड़ दो उसे।

परेशानी का कारण तो स्टोरी है। वह घटना नहीं, जो घट चुकी है।

किसी घटना में जब हम कुछ कर ही नहीं सकते तो उसकी कहानियों को गाने से क्या फायदा?

एक बार अपनी जिन्दगी से फेक्ट को, हैपंड को, तथ्य को, जो घट चुका है, उसको एवं अपनी बनाई हुई स्टोरी से अलग करके तो देखो, तुम्हें खुद ही अपने आप पर हँसी आने लगेगी।

चेतन ने फिर मिट्टी में उँगलियाँ घुमाईं -

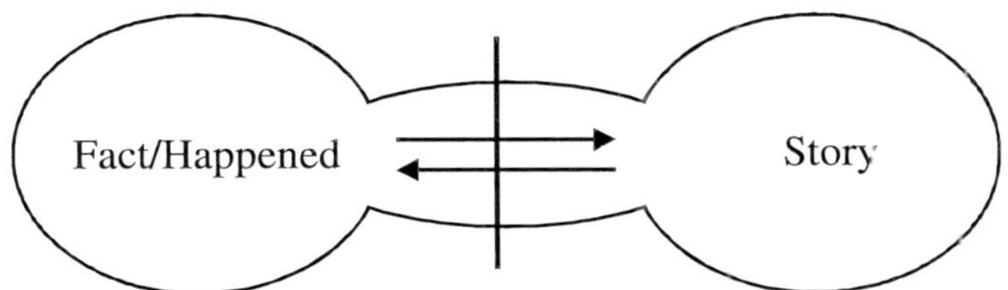

राजा, अपने फेक्ट को और स्टोरी को अलग करके देखना शुरू करो।

राजा को समझ तो सब आ गया था। अंदर ही अंदर खुश भी बहुत था, लेकिन इसे डे टू डे लाइफ में कैसे उपयोग में लूँ, यह समझ नहीं आ रहा था। अतः चेतन से बिना संकोच के पूछ ही लिया।

चेतन ने एक लाइन में सटीक उत्तर दे डाला -

''राजा, इसकी प्रेक्टिस करनी होगी। अभी से प्रयत्न पूर्वक इसकी प्रेक्टिस करोगे तो यह तुम्हारी आदत बन जायेगी, फिर हर बात में तुम इसी टेक्नीक को काम में लेने लगोगे तो परिस्थितियाँ बहुत आसान हो जायेंगी।''

''तो हमें हर परिस्थिति को इसी साँचे में ढालना होगा?'' राजा ने फिर पूछा।

''बिलकुल राजा।''

थोड़ी देर चुप रहने के बाद चेतन फिर बोला –

हम जैसा चाहते हैं, वैसा होता नहीं है और जैसा होता है, वैसा चाहते नहीं हैं। बस, इसलिए हम दुखी रहते हैं। वास्तव में तो जो हो चुका है, सिर्फ चिंतित होने के या दुखी होने के अलावा, उसमें कुछ भी किया नहीं जा सकता।

हम चाहते हैं, परिजन का बिछोह ना हो और वह हमें छोड़कर चला जाता है। हम चाहते हैं, व्यापार में घाटा ना हो और वह हो जाता है। हम चाहते हैं, बीमारी ना हो और वह हो जाती है। हम चाहते हैं कि पत्नी और बच्चे हमारी आज्ञा में चलें और वे चलते नहीं हैं। हम चाहते हैं, बारिश ना हो और वह हो जाती है, हम चाहते हैं कि बारिश हो और वह नहीं होती है। हम चाहते हैं, पूरी दुनिया मेरे हिसाब से चले और वो चलती नहीं है।

मतलब हमारी सभी इच्छाएँ पूर्ण हों और वे होती नहीं हैं। बस, इसी कारण हम दुखी हो जाते हैं।

''हम जो चाहते हैं, उसके अनुसार कार्य का ना होना ही दुख है।''

''जो हो चुका है, उसमें जब कुछ हो ही नहीं सकता तो फिर जो हो चुका है, उसे ही चाहने लगो, तुम्हारा दुख दूर हो जायेगा। इसलिए जो हो चुका है, उसे खुशी-खुशी स्वीकार करने की आदत डालो, तुम हमेशा खुश रहोगे।''

दुख तो सिर्फ तुम्हारी सोच में है, परेशानी में है, तुम्हारी दृष्टि में

है, वस्तु में नहीं। इसलिए परिस्थितियों को स्वीकार करो। जो हो रहा है, उसे स्वीकार करो, Accept करो। यही शांति का मूलमंत्र है – 'Accept as it is.'

परिस्थितियाँ तो जैसी हैं, वैसी ही हैं। उनमें कोई फेरबदल हो ही नहीं सकता तो उन्हें यथास्थिति में एज़ इट इज़ ही स्वीकार करने में ही भलाई है। स्वीकार तो करना ही पड़ेगा तो फिर रोते-रोते क्यों? खुशी-खुशी क्यों नहीं?

बीती हुई परिस्थितियों में परिवर्तन नहीं किया जा सकता है। सिर्फ सोच में ही परिवर्तन किया जा सकता है, जो हमारे हाथ में है।

"वो कैसे?" राजा बोला।

देखो, परिस्थितियाँ ना तो अच्छी होती हैं और ना ही बुरी। अच्छा बुरा तो सिर्फ इस बात पर निर्भर करता है कि हम उन्हें देखते कैसे हैं। उस परिस्थिति में हम महसूस क्या करते हैं।

अनुकूलता में प्रतिकूलता का वेदन करो तो पाप का उदय और यदि प्रतिकूलता में अनुकूलता का वेदन करो तो पुण्य का उदय।

यहाँ वेदन करना, अनुभव करना ही मुख्य है। तुम जैसा महसूस करते हो, उदय वैसा ही होता है, अच्छा या बुरा।

झुम्मन अपने बेटे के साथ मंदिर गया। लौटते में बेटे की चप्पल चोरी चली गयी। अच्छा बताओ, चप्पल चोरी जाना अच्छा है या बुरा? – चेतन ने राजा से पूछा।

"वह तो बुरा ही है।" राजा बोला

"लेकिन बेटा खुश था, क्योंकि पिछले दो महीनों से वह झुम्मन से कह रहा था – पापा नई चप्पल दिला दो, ये पुरानी हो गई हैं, परन्तु झुम्मन कहता – अभी और चलेंगी, बाद में ले लेंगे, लेकिन आज झुम्मन दुखी था, क्योंकि जो चप्पल दो महीने और चल सकती थीं, वे आज ही चली गईं। झुम्मन मंदिर कमेटी और चौकीदार को गाली दे रहा था, परन्तु बेटा मंद-मंद मुस्करा रहा था। अगले दिन जब मंदिर आये तो

चप्पल मिल गईं। अब बेटा दुखी हो गया, परन्तु झुम्मन मंद-मंद मुस्करा रहा था।

चप्पल जाने में ना तो दुख है और ना सुख। वह ना तो पुण्य का उदय है और ना ही पाप का उदय। सवाल यह है कि आप उसे देखते कैसे हैं? जो परिस्थिति घट चुकी है, उसे अनुभव कैसा करते हैं? उसे फेक्ट मानते हैं या प्रॉब्लम? उसे स्वीकार करते हैं या उसके विपरीत चलते हैं? उसमें अनुकूलता का वेदन करते हैं या प्रतिकूलता का?

तुम्हें 10 लाख का घाटा लगा, तुम परेशान हो और किसी अरबपति को फर्क ही नहीं पड़ता तो दुख, प्रतिकूलता रुपये में कहाँ हुई, मान्यता में ही हुई, वेदन करने में ही हुई और वह तो हमारे हाथ में ही है।

''राजा! किसी का मरना अच्छा है या बुरा?''

''यह तो निश्चित ही बुरा है, इसमें क्या शक'' - राजा ने विश्वास से जवाब दिया।

''एक बात बताओ, एक बस गड्ढे में गिर गयी। यह समाचार हमने सुबह-सुबह चाय की चुस्की लेते हुए पढ़ लिया। हमें कोई असर ही नहीं हुआ, क्योंकि उससे हमारा कोई लेना-देना ही नहीं था, लेकिन जैसे ही पता चला कि उसमें हमारा जानी-दुश्मन बैठा था तो हमारे चेहरे पर खुशी की लकीरें खिंच जाती हैं। हम कहते हैं कि उसे अपने किये की सजा मिल गई। मेरे साथ बुरा जो किया था, और ना जाने क्या-क्या? लेकिन यदि तुरन्त ही यह पता चल जाये कि मेरा बेटा जो परसों गया था, वह भी उसी बस में था तो फिर देखो.........।

बोलो, मरना दुख है या सुख? किसी का मरना आपके लिए पाप का उदय है या पुण्य का उदय?

राजा ने सँभलते हुए जवाब दिया - ''अपनों के लिए पाप का उदय, परायों के लिए सहजता और दुश्मनों के लिए पुण्य का उदय। मरना तो मरना है। यह तो इस पर निर्भर करता है कि हम उसके बारे में सोचते क्या हैं, उसका वेदन कैसे करते हैं।''

जबकि यह जानते हुए भी कि जो घट चुका है, उसमें हम कुछ कर

ही नहीं सकते, फिर भी उसमें अपने राग-द्वेष के कारण अनुकूलता और प्रतिकूलता का वेदन करते रहते हैं।

इसलिए इस मंत्र को याद रखो - "Accept as it is' जो 'घट चुका' उसे खुशी-खुशी स्वीकार करते चले जाओ। जो तुम्हें जीवन भर शांति देगा।

घटना तो सिर्फ घटना है। प्रिय या अप्रिय लगना तो सिर्फ हमारा दृष्टिकोण है, हमारी सोच है, हमारा अनुभव है, जिसका कंट्रोल हमारे हाथ में है, लेकिन हम हर घटना का आरोप किसी ना किसी के माथे मढ़ देते हैं, जबकि इसमें किसी दूसरे का दोष होता ही नहीं है। यदि है तो सिर्फ हमारा ही दोष है, हम ही जिम्मेदार हैं इसके।

चेतन, मैंने कई बार सोचा - प्रिय या अप्रिय घटना घटती ही क्यों है ? सुख-दुख होते क्यों हैं ? कोई सुखी, कोई दुखी दिखाई देता क्यों है ? सभी एक-से क्यों नहीं हैं ? सभी अलग-अलग क्यों हैं ? पर मुझे इसका उत्तर ही नहीं मिला।

बातों ही बातों में राजा ने चेतन से बड़ा गहरा प्रश्न पूछ लिया।

चेतन को उसके इस गहरे प्रश्न को सुनकर मन ही मन प्रसन्नता हुई, पर थोड़ा सोचकर बोला -

जो भी प्रिय या अप्रिय घटना घटी या कोई सुखी दिखाई देता है, कोई दुखी दिखाई देता है, कोई गरीब, कोई अमीर कोई खूबसूरत है, कोई बदसूरत - जानते हो राजा, ऐसा क्यों ?

"वह सब हमारे द्वारा किये गये पूर्व कर्मों का ही फल है, जिसका जिम्मेदार मैं स्वयं ही हूँ, कोई अन्य नहीं।"

"कर्म" - राजा अचानक जोर की आवाज में आश्चर्यचकित, लेकिन नकारते स्वर में बोला।

चेतन नजरंदाज करते हुए आगे बोलता गया -

कोई भी चीज कभी समाप्त नहीं होती, सिर्फ उसकी अवस्था बदलती है।

लकड़ी जली, कोयला बना, क्या लकड़ी समाप्त हो गई? कोयला जला और राख बन गया, क्या कोयला समाप्त हो गया? राख वायुमंडल में मिल गई, क्या राख समाप्त हो गई? नहीं, बस उस लकड़ी की अवस्था ही बदलती गई, लकड़ी समाप्त नहीं हुई।

ऐसे ही दूध से दही बना, क्या दूध समाप्त हो गया? दही से मक्खन बना, क्या दही समाप्त हो गया? मक्खन से घी बना क्या मक्खन समाप्त हो गया? घी पेट में चला गया, क्या घी समाप्त हो गया? पेट मे जाकर मल में परिवर्तित हो गया, मल नाली में चला गया, क्या मल समाप्त हो गया? नहीं। वो सीवरेज में चला गया वहाँ से किसी नाले में फिर किसी खेत में या समुद्र में चला गया, फिर मिट्टी में समाहित हो गया या भाप बन कर उड़ गया, फिर खेतों में बरस गया या नाली में चला गया, फिर वही चक्र शुरु हो गया, खेतों से फिर घास बन गयी फिर उसे गाय ने खा लिया और दूध बन गया।

सिर्फ अवस्था बदलती गई, वस्तु समाप्त नहीं हुई, परन्तु नासमझों को लगता है कि वस्तु ही समाप्त हो गयी।

प्रत्येक वस्तु में अस्तित्व नाम का गुण होता है, इसलिए वस्तु के अस्तित्व का कभी नाश नहीं होता, सिर्फ अवस्था बदलती है।

ऐसे ही हमारा भी कभी नाश नहीं होता है, परन्तु जिसे हम नाश होना समझते हैं, वह तो सिर्फ अवस्था का बदलना है। शरीर का बदलना है, आत्मा कभी नहीं बदलती।

इसी तरह, इस जन्म से पहले भी हम थे और अगले जन्म में भी रहेंगे। तुम्हें यदि यह पता नहीं है कि तुम पहले भी थे और आगे भी रहोगे तो यह मात्र तुम्हारा अज्ञान है। इसका मतलब यह नहीं है कि हम पूर्व में थे ही नहीं या भविष्य में होंगे ही नहीं।

पर कुछ लोग ऐसे जीते हैं कि कभी मरेंगे ही नहीं और मरते ऐसे हैं कि अब कभी जियेंगे ही नहीं। इस कारण सब कुछ अभी या तो भोग लेना चाहते हैं या भुगत लेना चाहते हैं।

दुनिया में सबकी शक्ल एक-सी है? सबकी अक्ल एक-सी है? कोई

फुटपाथ पर पैदा होता है और वहीं मर जाता है। कोई पैदा होकर जमीन पर पैर रखता है तो नीचे कारपेट होता है। किसी को पैदा होते ही दूध ा के लाले होते हैं तो कोई मुँह में सोने की चम्मच लेकर ही पैदा होता है। एक के मुँह से आवाज निकले तो 6-6 आदमी सेवा में खड़े होते हैं और एक को खाने के लिए किसी के सामने हाथ फैलाने पड़ते हैं।

एक कुत्ता सड़क पर काँय-काँय करके लोगों के पत्थर खा-खा कर मर जाता है और एक कुत्ता मेमसाब की गोद में एयरकंडीशन कार में घूमता है।

आखिर क्यों है यह फर्क? सोचा कभी, कहकर चेतन दो मिनट के लिए मौन हो गया और नीचे देखकर चलने लगा।

''इसका मतलब तो यह सब पूर्व में अपने ही द्वारा किये गये कर्मों का फल है। वह इस जन्म के भी हो सकते हैं और पूर्व जन्म के भी। जिस व्यक्ति ने जैसे कर्म किये, उसे वैसा ही फल मिला।'' राजा ने सोचकर उत्तर दिया।

ठीक कहते हो राजा! जन्म से ही ये सब अच्छा या बुरा हो रहा है तो इसका मतलब पूर्वजन्म के कर्मों का फल भी मिल रहा है ना।

आपके कर्मों का सीधा सम्बन्ध आपके भावों से होता है, क्रिया से नहीं। भाव यानि सोच, विचार, परिणाम, चिन्तन।

राजा - ''ये मैं नहीं समझा।''

चेतन - ''रुको, समझाता हूँ।''

किसी ने दूर से मुझे पत्थर मारा और वह पत्थर मेरे सिर पर नहीं लग पाया और बगल से निकल गया। मैं उससे पूछता हूँ- भाई साहब! यह क्या किया? कहीं मेरा सिर फूट जाता तो? वह बोलता है - अकड़ता क्यों हैं? जब फूट जाता तब बोलता, फूटा तो नहीं ना।

वह समझता है कि हिंसा मेरे सिर में भरी पड़ी है। अगर फूट जाता तो हिंसा होती, परन्तु भाई साहब! उसने तो पत्थर तो मारने के भाव से ही मारा था, वह तो मेरे पुण्य का उदय था, मेरा भाग्य अच्छा था, जो मुझे लगा नहीं। उसने तो मारने में कोई कसर नहीं छोड़ी थी। उसे तो

हिंसा का पाप लग ही गया, क्योंकि उसने तो मारने का भाव कर ही लिया। क्रिया से एवं रिजल्ट से फर्क नहीं पड़ता है।

हमारे जो भी कर्म बँधते हैं, वे सिर्फ भावों से ही बँधते हैं। हम क्या सोचते हैं? कैसे सोचते हैं? अपने प्रति या किसी और के प्रति हमारे कैसे भाव होते हैं, इन्हीं भावों से कर्म बँधते हैं, अच्छे भावों से अच्छे कर्म एवं बुरे भावों से बुरे कर्म बँधते हैं। साथ ही, ध्यान रखना। जो कर्म बँध गये वह उदय में तो आयेंगे ही।

कर्मों का उदय अच्छे या बुरे रूप में अवश्य आयेगा। अच्छे को हम पुण्य का उदय कहते हैं और बुरे को पाप का उदय कहते हैं।

ईर्ष्या, क्रोध, मान, माया, लोभ, हिंसा, झूठ, चोरी, कुशील, परिग्रह - ये सब पाप भाव हैं। लोगों के बारे में अच्छा सोचना, दया, दान, कोमल परिणाम, भक्ति, विनय - ये सब पुण्य भाव हैं।

राजा टोकते हुए बोला - पर गीता में तो लिखा है - ''तू कर्म कर, फल की चिंता मत कर।''

चेतन ने राजा के कंधे पर हाथ रखते हुए कहा - ''राजा, लोगों ने इसका गलत मतलब निकाल लिया कि ''तू कैसा भी कर्म कर, फल भगवान की इच्छा पर छोड़ दे'', ऐसा नहीं है।

इसका साफ मतलब तो यह है कि तू कर्म किये जा, फल की इच्छा मत कर, क्योंकि फल तो तुझे तेरे ही द्वारा दिये गये कर्मों के अनुसार ही मिलेगा। यह कैसे संभव है कि कर्म तो बुरा करे और अच्छे फल की कामना भगवान से करे। इसमें बेचारे भगवान क्या करेंगे। वे अन्याय थोड़े ही करेंगे।

यदि मुझे किसी को देखकर क्रोध आया तो भाव मेरे खराब हुए, सामने वाले का क्या? और इन्हीं भावों से ही मेरे कर्म बँधेंगे, उन्हीं कर्मों का फल मुझे मिलेगा।

इच्छाओं की पूर्ति सांसारिक सुख, संपन्नता, सम्मान, खुशहाली, अनुकूल संयोगों का मिलना, यह सब पुण्य का फल है और इच्छा की पूर्ति ना होना, दुख, गरीबी, परेशानी, चिंता, प्रतिकूल संयोगों का मिलना - ये

सब पाप का फल है।

हम प्रतिपल बाँधते तो पाप हैं, पर हर पल चाहते सुख और अनुकूलता हैं। यह कैसे संभव है?

यदि मैंने किसी का बुरा करने का सोचा। उसका बुरा होना ना होना तो उसके पूर्व में किये कर्मों पर निर्भर करेगा, परन्तु मैंने बुरे भाव करके फोकट में कर्म अवश्य बाँध लिये, जिसका फल मुझे अवश्य ही भोगना पड़ेगा।

जो भी हमारे साथ घट रहा है, उसके पूर्णतः जिम्मेदार हम ही हैं और कोई नहीं। जो कुछ भी घटा है या घट रहा है। वह हमारे ही पूर्व किये गये कर्मों का ही फल है। इसमें किसी और का कोई दोष नहीं है, परन्तु हम दोषारोपण में माहिर हो गये हैं। इसलिए इसका दोष किसी ना किसी के माथे पर मढ़ देते हैं।

एक बात ध्यान रखना, अभी वर्तमान में हमें जो प्रतिकूलता हो रही है या परेशानी हो रही है, वह तो हमारे ही पूर्व में कमाये गये कर्मों का ही फल है, जो हम भुगत रहे हैं। इसका मतलब वे कर्म अपना फल दे चुके, वे खिर गये, उनका काम पूरा हो गया, परन्तु हम उन कर्मों के उदय में आने के काल में या जब हम उनका फल भुगतते हैं, उस समय दुखी होकर फिर नये कर्म बाँध लेते हैं। इससे फिर भविष्य में वे कर्म अपना फल देंगे और हम फिर दुखी होंगे।

वर्तमान के भावों से नवीन कर्मों का बंध होता है, जो भविष्य में उदय में आयेंगे। यदि भविष्य को सुधारना है तो वर्तमान के भावों पर ध्यान रखना होगा। पूर्व में किये गलत भावों से वर्तमान में पाप का उदय आता है और उस पाप के उदय में हम शांति ना रखकर आकुलता करें तो फिर नवीन कर्मों का बंध कर लेते हैं। जिससे भविष्य भी खराब कर लेते हैं। जो कर्म बँधे हैं, वे तो उदय में आने ही वाले हैं।

''ओ हो! ये तो पूरा दर्शन ही आ गया। ये तो समझ आ गया, पर तुम तो ये बता दो, आखिर हम करें क्या?'' राजा ने जीवन में उतारने का सूत्र पूछ लिया।

''यदि सुखी रहना है तो वर्तमान में शांति रखकर रोको इस कर्म के कुचक्र को।'' चेतन ने एक लाइन में सीधा, सरल व सटीक उत्तर दिया।

भूत का अफसोस मत करो, वर्तमान सुधार लो, भविष्य अपने आप सुधर जायेगा। भूत की चिंता से कुछ होना नहीं है, भविष्य अभी आया नहीं है। बस, वर्तमान ही देखना है, जिसकी उम्र मात्र एक समय है, एक पल है। बस, वर्तमान के एक समय के भावों पर ध्यान रखना है, वे बुरे ना हों, गलत ना हों, कषाय व पाप भावों से भरे हुए ना हों तो पूरा जीवन ही सुखमय होने वाला है। बस, तुम्हें प्रतिपल यह सोचना है कि जो मेरे भाव हो रहे हैं – 'इन भावों का फल क्या होगा?'

ऐसा सोचते ही तुम्हारे भावों की दिशा, सोच की दिशा सही हो जायेगी।

हमारी जिन्दगी अफसोस और डर में ही निकल जाती है। हम बीते 'कल' का अफसोस करते हैं, आने वाले 'कल' से डरते हैं, इससे 'आज' की हत्या कर लेते हैं, फिर वैसा ही होता है, जैसा सोचते हैं। इससे हमारे कल, आज और कल – तीनों बिगड़ रहे हैं।

''इन भावों का फल क्या होगा?'' यह एक महामंत्र है। इसे हर पल याद रखना, घर में, बाथरूम में, मोबाइल में, कार में, हर जगह चिपका दो। जब कभी भी गलत भाव मन में आये तो यह पंक्ति याद कर लेना, गलत विचारों पर तुरंत लगाम लग जायेगी।

चलते-चलते चेतन का पैर एक बड़े से पत्थर से टकरा गया, चीखते हुए राजा तुरंत झुका और चेतन के पैर का अँगूठा जोर से दबा दिया, जिससे उसमें से खून न बहे। चेतन एक मिनिट के लिए वहीं बैठ गया और तुरन्त बोला –

''देखो राजा, यह टक्कर ऐसे ही अचानक नहीं हो गई। मैंने पूर्व में ऐसे कुछ कर्म बाँधे होंगे, जो अभी उदय में आये और जिसके कारण यह चोट लगी।

अब इस समय मैं कैसे भाव करता हूँ, उससे ही नवीन कर्मों का बंध होगा और वे भविष्य में उदय में आयेंगे।''

राजा मुस्करा दिया और सोचने लगा कि चेतन ने अपनी बात प्रेक्टिकल करके दिखा दी।

हमने जो कर्म बाँध लिये हैं, वे तो उदय में आने ही वाले हैं। यह प्रकृति का नियम है। दुख इसलिए होता है क्योंकि हम प्रकृति से संघर्ष करते हैं। उसके विरुद्ध जाने की कोशिश करते हैं और प्रकृति के नियम के विरुद्ध जाना संभव नहीं है और हम फोकट में ही दुखी होते हैं।

परिस्थितियाँ तुम्हारे अनुकूल हों या प्रतिकूल, उन्हें सहज ही लो। पूर्व में बाँधे कर्मों का उदय वर्तमान में आ रहा है। बस, उसी को देखो, अपनी प्रवृत्ति को उसी मय बना लो। जैसे मैंने उस दिन कहा था – परिस्थितियों को एज़ इट इज़ ही स्वीकार कर लो।

कल्पना करो, नदी के तीव्र बहाव के विपरीत दिशा में तैरने में कितनी परेशानी का सामना करना होगा, क्योंकि तुम प्रकृति के बहाव के विपरीत चल रहे हो। तुम सिर्फ अपनी दिशा बदल दो और परिस्थिति को स्वीकार कर लो तो बड़े ही सहज-शांत तरीके से तैर सकते हो।

हम सिर्फ प्रकृति से संघर्ष करते हैं। यह जानते हुए भी कि हम उसे ठीक नहीं कर सकते हैं। जैसे नदी के बहाव को नहीं बदल सकते हैं। बस, अपनी दिशा ही बदल सकते हैं। दिशा बदलते ही दशा बदल जाती है, दशा संघर्ष से शांति में परिवर्तित हो जाती है।

ऐसे ही हम कर्मों के उदय से उत्पन्न परिस्थितियों से यानि प्रकृति के नियम से सिर्फ संघर्ष ही करते हैं, इसीलिए परेशान होते हैं। यह जानते हुए भी कि इन्हें बदला नहीं जा सकता। हम सिर्फ उसके प्रति अपने भावों को ही बदल सकते हैं। अगर हमने अपने भाव बदल लिये तो दशा अपने आप ही बदल जायेगी।

हम प्रकृति के नियम में कुछ फेर-फार कर ही नहीं सकते। सिर्फ करने का विकल्प ही करते हैं। बस, यही प्रकृति से संघर्ष है।

प्रकृति के नियम से संघर्ष मत करो, उसके साथ चलो। शांति पीछे-पीछे आ जायेगी।

''यह तो मजबूरी हो गई ना, स्वीकार करना ही पड़ेगा'' – राजा ने

ठंडी साँस भरकर मजबूरी जताई।

नहीं दोस्त, इसे मजबूरी मत मानो। जबरदस्ती स्वीकार मत करो। इसे चिड़चिड़ाहट से मत मानो, इसे हारकर या गिवअप करके मत मानो, बल्कि उसका स्वरूप ही ऐसा है, प्रकृति का नियम ही ऐसा है, वस्तु का स्वरूप ही ऐसा है। इसे अपना ही निर्णय मान कर स्वीकार करो।

यही एक तरीका है, जिससे भविष्य में प्रतिकूल परिस्थितियाँ पैदा ही नहीं होंगी। वर्तमान में आपको प्रतिकूलता इसलिए प्रतीत हो रही है, क्योंकि पूर्व में आपने ऐसे ही प्रकृति से संघर्ष किया था, सहज नहीं रहे आप, जिससे बुरे कर्मों का बंध हुआ था और वे कर्म अब इस रूप में उदय में आ रहे हैं, लेकिन वर्तमान में यदि अब यह संघर्ष बंद कर दोगे तो नवीन कर्मों का बंध ही नहीं होगा तो भविष्य में प्रतिकूलताएँ आयेंगी ही नहीं।

अभी मैंने तुमसे कहा था ना – परिस्थितियों की अनुकूलता व प्रतिकूलता तो तुम्हारी सोच पर निर्भर करती है। तुम उन परिस्थितियों को कैसा महसूस करते हो।

राजा, निराशा को अपने ऊपर हावी मत होने दो।

विन्स्टन चर्चिल ने कहा है– ''आशावादी को हर खतरे में अवसर दिखता है और निराशावादी को हर अवसर में खतरा दिखता है।''

रद्दी वाले की दृष्टि को देखो। जिसे हम कचरा समझ कर उसे देते हैं, वह उसी में से कमाता है। वह कितना महान कार्य है, एक तो हमारे घर का कचरा ले जाकर घर की सफाई कर देता है और उसके पैसे भी हमको देता है, क्योंकि उसकी दृष्टि कमाई में है, कचरे में नहीं।

कोई भी चीज को सामने से देखने पर बड़ी नजर आती है व ऊपर से देखने पर छोटी नजर आती है। चीज तो वही है। बस, फर्क तो देखने का है।

देखो ना! आदमी को सामने से देखते हैं तो भारी भरकम लगता है, लेकिन तुम हवाई जहाज में से देखो तो वही भारी–भरकम आदमी कितना छोटा नजर आता है। आदमी तो वही है, बस, तुम ऊपर उठ गये।

ऐसे ही समस्याओं के सामने खड़े होकर देखने पर वे बहुत बड़ी

नजर आती हैं और ऊपर से देखने पर वे ही समस्यायें छोटी दिखाई देती हैं। समस्यायें छोटी-बड़ी नहीं होती हैं। छोटा-बड़ा होता है आदमी। किसी को वही समस्या बड़ी नजर आती है तो किसी को वही समस्या छोटी नजर आती है। समस्या तो सिर्फ समस्या है, छोटी-बड़ी नहीं। अपने को बड़ा बना लो समस्या छोटी हो जायेगी।

किसी कवि ने लिखा है- ''सुख आते हैं दुख आते हैं, इन आते जाते सुख-दुख में हम मस्त रहते हैं।''

''दुख में थोड़ी तकलीफ तो होगी।'' राजा ने पूछा।

अगर दुखी भी हो तो उसका उत्सव मनाओ। यह आसान तो नहीं है, लेकिन यदि यह मानने लगोगे कि ये मैंने ही चूज़ किया है, मेरे ही पूर्व किये का फल है, जो मैंने किये थे तो दुख किस बात का। यह मेरी ही पसंद है तो परेशानी क्यों? फिर यह दुख की बात नहीं, उत्सव की बात है। ऐसा सोचने से यह आसान हो जायेगा।

जैसे ही राजा कुछ बोलने को हुआ तो चेतन उसे रोकते हुए बोला- ''रुको राजा, मैं बताता हूँ।''

दीवाली का दिन था। लोग नये-नये कपड़े पहने, मिठाइयाँ बाँटते-खाते त्यौहार की खुशी में मस्त थे। छोटे बच्चे आतिशबाजी छोड़ने में लगे थे।

वहीं मुन्ना उदास था। अपने को हीन, छोटा व गरीब मान रहा था, वह बहुत दुखी था; क्योंकि उसके पापा रिक्शा चलाते थे। उनके पास इतने पैसे नहीं थे कि वे आज के दिन पटाखे ला पायें।

लेकिन पटाखे तो पप्पू भी नहीं चला रहा था, परन्तु बहुत खुश, प्रसन्न, उत्साहित था, क्योंकि पप्पू ने स्कूल में एक एन.जी.ओ. 'पाल' का पोस्टर पढ़ लिया था कि पटाखे चलाने से छोटे-छोटे जीवों की हिंसा होती है। उन पर कहर ढा जाता है, कई तो मौत के शिकार भी हो जाते हैं और पॉल्यूशन होता है, सो अलग।

पप्पू इसलिए प्रसन्न था, क्योंकि यह उसका अपना निर्णय था, उसने यह चूज़ किया था, यह उसने पसंद किया था।

मुन्ना भी यदि अपनी परिस्थिति को अपनी च्वाइस मान लेता, उसे

ही चूज़ कर लेता तो दुख किस बात का होता।

इस स्टोरी से राजा एकदम खुश हो गया और बोल पड़ा – ''बात तो एकदम ठीक है।''

चेतन राजा के कंधे पर हाथ रखकर बोला –

जो घट चुका है, वह तो हो चुका है। अब उसके बारे में सिर्फ अर्थहीन सोचा ही जा सकता है, किया तो कुछ भी नहीं जा सकता। इसलिए जो घट चुका है, उसे बड़ी सहजता से लेना चाहिए। उस समय तुम्हारे मन में एक ही बात चलनी चाहिए– 'Take it easy'. अब जब उस बीती परिस्थिति में कुछ हो ही नहीं सकता या जिस परिस्थिति में तुम कुछ कर ही नहीं सकते तो सिर्फ सोच-सोच कर दुखी होने, चिन्ता करने या परेशान होने से क्या फायदा? उसमें सेन्सेटिव होने से भी क्या फायदा?

तुम तो अब बस उसी परिस्थिति को एंज्वाय करो, सेलीब्रेट करो, क्योंकि उसमें कुछ अच्छा ही हुआ है। हो सकता है, वो तुम्हें अभी पता ना चले। जिसे सिर्फ देखने की जरूरत है। भले ही अभी तुम्हें उसका ज्ञान नहीं है, क्योंकि जो भी घटता है, वह अच्छे के लिए घटता है। उसमें कुछ ना कुछ अच्छा छिपा हुआ ही रहता है, बुरा कुछ होता ही नहीं है। इसलिए जो कुछ भी घटा है, उस परिस्थिति को 'Let's Celebrate.'

दुनिया में न तो कुछ अनहोना होता है और न ही अचानक होता है।

जो हमें अनहोना लगता है, वह तो हमारी दृष्टि में अनहोना है। यदि वह परिस्थिति अनहोनी है तो दूसरे को वही परिस्थिति लाभदायक क्यों होती है? कोई भी चीज एक के लिए होनी और दूसरे के लिए अनहोनी कैसी हो सकती है।

वस्तु तो वस्तु है, वस्तु अच्छी या बुरी नहीं होती। यदि वस्तु अच्छी-बुरी हो तो अच्छी सभी के लिए अच्छी होनी चाहिए और बुरी सभी के लिए बुरी, पर ऐसा नहीं होता है। बारिश किसी के लिए अच्छी होती है, किसी के लिए बुरी। बारिश तो बारिश है, न अच्छी न बुरी। ठंड किसी के लिए अच्छी होती है, किसी के लिए बुरी। ठंड तो ठंड है, न

अच्छी न बुरी। काला रंग किसी को पसंद आता है, किसी को नापसंद, पर रंग तो रंग है, न अच्छा है और न ही बुरा।

नई ससुराल में शादी के वक्त गाली खाना अच्छा लगता है, दोस्तों के मुँह गाली सुनना अच्छा लगता है, पर दुश्मन के मुँह से गाली सुनना भयंकर बुरा लगता है, पर गाली तो गाली है, न अच्छी न बुरी। प्रसव के दौरान दर्द अच्छा लगता है और अपेन्डिक्स के समय में बुरा लगता है, पर दर्द तो दर्द है, न अच्छा न बुरा।

''पर पसंद नापसंद भी तो कुछ होता है?'' राजा ने पूछा।

''ये तो तुम्हारा नजरिया है।'' चेतन ने उत्तर दिया।

''लेकिन कभी-कभी अचानक आई परिस्थिति से घबराहट तो हो ही जाती है, चेतन।''

''कुछ भी अचानक नहीं होता है, जो हमें अचानक लगता है, वह तो हमारे अज्ञान का प्रतीक है, क्योंकि ईश्वर के ज्ञान में तो वह था ही। वह हमें पता नहीं था, वह तो प्री-डिसाइडेड ही था। जब ईश्वर के ज्ञान में प्री-डिसाइडेड था तो अचानक कैसे हुआ?''

कोई भी परिस्थिति या हालात अचानक नहीं आते हैं, वे हमारे सामने अभी आये हैं।

जब अनहोना कुछ होता नहीं, अचानक कुछ होता नहीं। वस्तु जैसी है, वैसी ही उसे स्वीकार करनी है तो हर परिस्थिति में एक ही सूत्र याद रखो - 'Take it easy & let's celebrate' (टेक इट इज़ी एण्ड लेट्स सेलीब्रेट) हर परिस्थिति को बड़ी सहजता से लो और उसमें आनंद लो, उसे एंज्वाय करो।

दुनिया तो व्यवस्थित है। हम ही अव्यस्थित हैं, अतः दुनिया अव्यवस्थित दिखाई देती है। रेल में बैठे हुए को बगल वाली रेल के चलने पर भी अपनी ही रेल चलती हुई दिखाई देती है।

जब दुनिया जैसी है, वैसी ही है। उसमें कोई फेरबदल संभव ही नहीं है तो हर पल उत्सव मनाओ। इसीलिए हर हालात में याद रखो Take it easy & let's celebrate'.

जो घट चुका, वह फेक्ट है, प्रॉब्लम है ही नहीं। सिर्फ उसका सोल्यूशन ही ढूँढना है। इसलिये हमेशा याद रखो 'Take it easy & let's celebrate'.

कोई बहरा हो तो हमारे लिए तो वह बहरा है, पर उसके लिए तो सारी दुनिया गूँगी है। कौन सही है, कौन गलत, ये बस नजरिये का फर्क है। इसीलिए हमेशा याद रखो 'Take it easy & let's celebrate'.

जो हमने स्टोरी बनाई है, वह हमारा ही व्यू है, हमारा ही विचार है और जब कुछ गलत और कुछ सही है ही नहीं। जो जैसा है, वैसा ही है। इसीलिए हमेशा याद रखो 'Take it easy & let's celebrate'.

अनुकूलता और प्रतिकूलता वस्तु में नहीं है, किसी व्यक्ति में भी नहीं है और ना ही परिस्थितियों में है। ये तो सिर्फ मान्यता में ही है, सोच में ही है। इसीलिए हमेशा याद रखो 'Take it easy & let's celebrate'.

अनुकूलता में प्रतिकूलता का वेदन पाप का उदय है और प्रतिकूलता में अनुकूलता का वेदन पुण्य का उदय है। इसलिये हमेशा याद रखो 'Take it easy & let's celebrate'.

चेतन ने राजा को 'Take it easy & let's celebrate' अच्छी तरह से रटा दिया।

राजा तो चिन्तन में ही डूब गया। उसे होश ही नहीं रहा, चेतन कब उससे बाय करके चला भी गया। कल तक टूटा हुआ राजा, नर्वस राजा, परेशान राजा, कमजोर राजा अब अपने आपको शक्तिशाली समझ रहा था, चिन्तामुक्त समझ रहा था। अब चिंता उस पर सवार नहीं थी, बल्कि वह चिंता पर सवार हो गया था। अब हालात उस पर सवार नहीं थे, बल्कि वो ही हालातों पर सवार हो गया था।

सूरज सिर पर आ गया था। गार्डन सुबह आने वाले स्वास्थ्य प्रेमियों से खाली हो चुका था। जवान लड़के-लड़कियों की दूसरी खेप आनी शुरू हो गई थी, जो इधर-उधर पेड़ की ओट ढूँढ रहे थे। अपने एक हाथ को दूसरे हाथ से सहारा देते हुए अपने आप से ही मुस्कराते हुए राजा चल दिया।

मौका पाते ही रश्मि ने राजा का पत्र आँचल को दिया तो आँचल ने पत्र ले तो लिया, लेकिन उसे बिना पढ़े ही पर्स में डाल लिया। रश्मि ने राजा के बारे में कुछ बताने की कोशिश भी की तो उसने सुनने से ही मना कर दिया।

जब राजा मुझसे बात ही नहीं करना चाहता है तो मैं उसके बारे में क्यों सुनूँ ? उसका लेटर क्यों पढ़ूँ ? समझता क्या है अपने आपको ? यह भी कोई बात होती है क्या ? देख लूँगी मैं भी...आई हेट हिम... बड़बड़ाती हुई आँचल रश्मि को इग्नोर करती हुई निकल गई।

ना जाने आँचल ने कितनी ही बातों में से बातें निकालकर कल्पना-लोक में गढ़ ली थीं, अपनी ही स्टोरी बना ली थी, जिनका खुद ही प्रश्न कर लेती और खुद ही उत्तर भी दे देती।

फिर भी कई बार इच्छा तो होती थी कि पत्र पढ़ लूँ, परन्तु फिर क्रोध विजय पा लेता तो रहने देती...... परन्तु क्रोध और राग के बीच अन्तर्द्वन्द्व चलता रहा।

पत्र पर्स में रखा-रखा उद्वेलित तो कर ही रहा था, आखिरकार तीन दिन बाद जब रहा नहीं गया तो धीरे से बाथरूम में जाकर पढ़ ही

लिया तो वहीं दोनों आँखों से गंगा-यमुना बह निकलीं। आँखें पोंछ-पाँछकर बाहर निकली तो पापा ने सीने पर पत्थर पटक दिया।

बोले - ''अगले हफ्ते लड़के वाले आ रहे हैं देखने, तैयार रहना।'' रुके आँसू फिर बह निकले।

अब आँचल राजा से मिलने के लिए व्याकुल हो उठी, पल-पल भारी हो रहा था, पर कैसे मिले ? कब मिले ? पापा की नजरें और तेज हो उठी थीं। व्याकुल आँचल को अपने आप से ही नफरत होने लगी, अपनी सोच पर ही घिन आने लगी। ''ये मैंने क्या किया ? क्यों गलत समझा राजा को ? वो क्या सोचता होगा मेरे बारे में ? मेरे व्यवहार के बावजूद भी उसका मेरे प्रति प्यार, उसका बड़प्पन है, उसके हृदय की विशालता है। उसका सच्चा प्यार है और दूसरी तरफ मैं ठहरी, जो जरा-सी बात पर उसे ही गलत समझ बैठी और सही बात जानने की कोशिश भी नहीं की। बस, अपनी ही मान्यता को पकड़े बैठी रही। किस तरह माफी माँगूँगी राजा से, किन शब्दों में माफी माँगूँगी राजा से।'' अपने आपको धिक्कारती हुयी आँचल ने तुरंत रश्मि से बात की।

जैसे-तैसे रश्मि से मिलने के बहाने राजा से मिली तो मुँह में से शब्द नहीं निकल रहे थे, पश्चात्ताप की आँखों से राजा को एकटक देखती तो कभी उसके कंधे पर सिर रख कर रो लेती और हाथों से अपनी चुन्नी मरोड़ती, कभी पश्चात्ताप से भरी दोनों मुट्ठियों से राजा के सीने को प्यार से ठोकती।

जब तक राजा के पास रही, अपनी व्यथा बताना तो भूल ही गई। बस, उसका घायल हाथ ही थामे रही और रोते हुए कभी न बिछुड़ने की कसमें खाती रही। राजा गहरी आँखों से निरन्तर उसे निहारता रहा।

नारी का पश्चात्ताप दिखाने का सबसे सटीक तरीका यही है।

बाल सँवारती हुई आँचल बोली - ''तीन दिन में देखने वाले आ रहे हैं, कुछ करो राजा!''

अप्रत्याशित प्रश्न सुनकर राजा हतप्रभ रह गया। किंकर्त्तव्य- विमूढ़-सा उसे देखने लगा, लेकिन तभी उसका पुरुषार्थ जागा- ''तुम चिंता मत

करो आँचल! सब ठीक हो जायेगा।''

''चलो, भागकर शादी कर लेते हैं।'' आँचल ने समाधान सुझाया।

''नहीं, भागेंगे नहीं।'' राजा बोला।

''तो''

''तुम्हारे पापा से मेरे पापा की बात करवाऊँगा।'' राजा ने कहा।

''फिर तो हो लिया काम, तुम तो बस....।'' आँचल बोली।

''नहीं, ऐसे ही होगा, तुम देखना।''

''तुम मेरे पापा को नहीं जानते, पूरे हिटलर हैं।''

''कोई बात नहीं, जान जाऊँगा।'' राजा ने हठपूर्वक कहा।

आँचल येन-केन-प्रकारेण शादी करना चाहती थी। शादी तो राजा भी करना चाहता था, लेकिन राजा पर नैतिकता का कर्त्तव्यबोध हावी हो रहा था।

राजा ने आँचल से कह तो दिया था, पर अपने घर में इन हालातों में उसकी पापा से बात करने की मनःस्थिति ही नहीं थी।

विजय की तबीयत दिन-प्रतिदिन बिगड़ती जा रही थी। शरीर क्षीण होने लगा था, सिर के बाल उड़ने लगे थे, शारीरिक पीड़ा चिड़चिड़ाहट में बदलती जा रही थी, बुदबुदाना और भिनभिनाना बढ़ता जा रहा था। ललिता भाग-भाग कर उसका काम करती। राजा एक टाँग पर ही उसकी सेवा में लगा रहता, फिर भी अब विजय को ऐसे लगने लगा था कि कोई उस पर ध्यान ही नहीं दे रहा है। सभी अपने-अपने कार्यों में लगे हैं। घर वाले उसे खाने को नहीं देते हैं, उसको जो चाहिए वह समय पर नहीं मिलता है। इसलिए उसकी झुँझलाहट बढ़ती जा रही थी और ललिता एवं राजा पर दोषारोपण भी।

राजा इस मनःस्थिति को भाँप गया था, इसलिए विजय पर खीझने के बजाय ललिता को भी सम्हालता- ''माँ, चिंता मत कर। उन्हें पीड़ा बहुत है। हम इनकी पीड़ा तो बाँट नहीं सकते, बेचारे इनको ही भोगनी है तो हम उनकी नाराजगी पर नाराज होकर उन्हें और परेशान क्यों करें

जो भी चाहते हैं, उनके मन का कर दो।''

ललिता – ''डॉक्टर ने बहुत परहेज बता रखा है और इन्हें खाने की इच्छा होती है। दे दो तो तकलीफ बढ़ेगी, नहीं दो तो बोलते हैं, तुम लोग मुझे खाने को भी नहीं देते हो।''

राजा बोला – ''माँ, जिस चीज पर खाने की रोक लगाओ तो उसे खाने की लोलुपता और तीव्र हो जाती है। यह चटोरी जबान ही ऐसी है। हमें ही समझना होगा और प्यार से उनकी हालात बताते हुए उन्हें भी समझाना होगा।''

ललिता बोली – ''ये आजकल बहुत चिड़चिड़े हो गये हैं।''

राजा बोला – ''माँ, पापा चिड़चिड़े नहीं हुए हैं, बीमारी चिड़चिड़ी हो गई है। हमें पापा को और उनकी बीमारी को अलग-अलग करके देखना होगा। हमें उनकी चिड़चिड़ाहट से चिड़चिड़ाना नहीं चाहिए, बल्कि समता रखनी चाहिए और उनका मनोबल बढ़ाना चाहिए।''

धूल भरी एक शाम को राजा जब विजय की कीमो थैरेपी करवा कर लौटा और पापा के सिरहाने बैठ गया और उनका सिर सहलाने लगा।

''पापा, आपकी हिम्मत की दाद देनी होगी। शरीर की इतनी वेदना आप जैसे हिम्मत वाले ही सहन कर सकते हैं। ये पीड़ा तो हो ही रही है। डॉक्टर जो कर सकते हैं, कर ही रहे हैं। बस, हमारे हाथ में तो हमारे परिणाम ही हैं। आध्यात्मिक चिंतन-मनन करके ही इस पीड़ा को भुलाया जा सकता है। इसके बारे में सोच-सोच कर तो ये बढ़ेगी ही। मैं जानता हूँ, आप ऐसा चिंतन करते ही हैं, फिर भी मेरी कभी भी कोई जरूरत पड़े तो बुला लिया करो, मेरे समय की चिंता किये वगैर।''

विजय को यह सुनकर बड़ा अच्छा लगा। राजा के गाल पर हाथ रख कर बस इतना ही बोला – ''बेटा, तेरे बिना मेरा और कौन है!''

पलंग के पास खड़ी ललिता की आँखों के साथ-साथ राजा की आँखें भी भर आईं। दोनों ने एक-दूसरे को देखा, पलकें झपकायीं और विजय को चादर ओढ़ाकर राजा खाने की टेबिल पर बैठ गया।

राजा और आँचल अब मिले बिना रह नहीं सकते थे और मिलना आसान नहीं था।

धीरे-धीरे आँचल ने अपने छोटे भाई को सेट कर लिया। एक दिन उसी को लेकर राजा से मिलने आ गई।

आँचल ने मिलते ही राजा से पहला प्रश्न यही किया-''राजा, कुछ करते क्यों नहीं, देर क्यों कर रहे हो?''

राजा गंभीर होकर बोला - ''आँचल, भाग कर शादी करना एवं अपने माँ-बाप से विद्रोह करना सबसे आसान काम है। उनकी वर्षों की तमन्नाओं पर पानी फेर देना चुटकी भर का काम है, लेकिन आँचल, उनकी भी हमसे कुछ उम्मीदें हैं, कुछ तमन्नायें हैं। हम उन्हें ऐसे तो नहीं कुचल सकते और ना ही हमें कुचलना ही चाहिए। अपने साथ उन्हें एनरोल करना होगा और हमें अपने आपको उनके सामने साबित करना होगा। उन्हें इस बात के लिए तैयार करना होगा। आखिर, क्यों न होंगे वे तैयार। हाँ, फर्क सोच का हो सकता है, विचारों का हो सकता है, तो निपटायेंगे ना उसे।

आँचल, हमें बुझदिलों का काम नहीं करना है।

देखना, मैं एक दिन बड़ी धूमधाम से शान के साथ घोड़ी पर बैठकर गाजे-बाजे के साथ बारात लेकर तुम्हारे घर आऊँगा'' कहकर मुस्कराहट के साथ राजा की कमर अकड़ गई।

''पर राजा, एक बार शादी हो जायेगी तो बाद में सब ठीक हो जायेगा?'' आँचल ने शॉर्टकट बताया।

''आँचल, वो तो उनकी मजबूरी हो गई ना। खुशी कहाँ रही? हमें उन्हें मजबूर नहीं करना है, बल्कि उन्हें खुशी देना है।''

''तो ठीक है बाबा! तुम ही जानो।'' राजा की बात से सहमत न होने के बावजूद भी यह कह कर आँचल ने सारी जिम्मेदारी राजा पर डाल दी।

चेतन ने राजा को अपनी दो दिन की एक चुनिंदा लोगों की स्पेशल इण्टरेक्टिव वर्कशॉप में आने का पास भिजवा दिया था। राजा को तो जैसे-तैसे आना ही था। टाइम मैनेज करके आखिर पहुँच ही गया।

प्रोग्राम शुरू होने से पहले चेतन सभी से पर्सनल इण्ट्रोडक्शन कर रहा था, जिससे वह अपनी बात प्रभावी तरीके से कह सकता है। राजा ने भी हाथ मिलाया, चेतन मुस्कराया, पापा की तबीयत पूछी और आगे की सीट की ओर इशारा कर दिया।

राइट टाइम पर चेतन स्टेज पर आ गया और उसने व्हाइट बोर्ड पर बड़े-बड़े अक्षरों में लिखा 'success' और पूछा - बताओ, सफलता का मतलब क्या है ? सफलता की परिभाषा क्या है ? आखिर सफलता कहते किसे हैं।

एकाध कोई बोलने लगा तो उसे चुप कराते हुए बोला - आप मन में ही सोचिए, जवाब मैं ही बताता हूँ।

''चुनौतियों का समाधान करने की कला ही सफलता है।'' The art to resolve the challenges.

जीवन चुनौतियों से भरपूर है। सफलता और चुनौतियों का तो चोली-दामन का साथ है तो इनसे कैसे बच सकते हैं। बस, वह कला विकसित कर लो, जिससे हर चुनौती को सहर्ष स्वीकार कर उसका समाधान ढूँढ सको। सफलता पीछे-पीछे दौड़ी आयेगी।

जब हम चुनौतियों के समाधान की कला में पारंगत नहीं होते और उनमें उलझ कर रह जाते हैं तो जो एनर्जी सफलता में लगनी थी, वह चुनौतियों के उलझने में लग जाती है। यदि हम इस उलझन से बच जायें तो सफलता निश्चित है। यह एक कला है- ''उलझन से सुलझना।''

''चुनौतियाँ तो मंजिल की राह में आने वाली बाधायें हैं। मंजिल तक पहुँचने के लिए इन बाधाओं में उलझने की बजाय इन्हें कलात्मक तरीके से सुलझा लेना ही सफलता है।''

समय के साथ-साथ चैलेंजेज़ भी जैसे-तैसे निपटते ही हैं, पर कलाकारी तो यह है कि आपने उन चैलेंज का हल किस कला से किया या उसमें उलझ कर अपने को ही निपटा लिया।

अधिकांशतया तो हम एक चैलेंज से दूसरे नये चैलेंज खरीद लेते हैं, अपने ऊपर नई मुसीबतें ओढ़ लेते हैं।

मानो हमारी गाड़ी को किसी ने पीछे से ठोक दिया। अब गाड़ी तो ठुक चुकी ना। अब कुछ हो ही नहीं सकता, क्योंकि घटना घट चुकी, लेकिन हम बाहर निकलते हैं, सामने वाले पर चीखते हैं, गाली देते हैं। फिर वो हाथ उठा लेता है। हम भी उसे ठोक देते हैं। पुलिस आ जाती है। कोर्ट-कचहरी शुरू हो जाती है और हम उलझ जाते हैं।

अब बताओ, इस घटना में एक्सीडेंट का चैलेंज तो हो ही चुका था। हमने उससे एक नया चैलेंज और फोकट में ही खरीद लिया, जबकि होना-जाना कुछ भी नहीं था।

अगर इसी परिस्थिति में हम सिर्फ मुस्करा देते तो सामने वाला माफी माँग लेता और हम अच्छे दोस्त बन सकते थे और ये चैलेंज यहीं समाप्त हो जाता।

ऐसे ना जाने सुबह से शाम तक हम कितनी मुसीबतें खरीदते रहते

हैं और फिर उन्हें भुगतते रहते हैं, जबकि उन्हें कलात्मक तरीके से बड़ी आसानी से सुलझाया जा सकता है।

जीवन भर आराम देने वाला नया जूता भी चार दिन तो काटता है, लेकिन उसके काटने से ना तो हम उसे फेंक देते हैं और ना ही उतार कर रख देते हैं। यदि ऐसा करें तो कभी जूते पहनने का सुख ले ही नहीं सकेंगे। उसे हम इस कला से पहनते हैं कि काटे भी कम और चार दिन कट भी जायें।

हम जूते में आने वाले चैलेंज को आसानी से सुलझा लेते हैं।

जिस तरह एक कलाकार पत्थर को मूर्ति में गढ़ने के लिए मूर्तिकला में पारंगत होता है, उसे देखने की कल्पना शक्ति होती है, हाथ में सफाई होती है, अपनी कला के प्रति एक धुन होती है, उसके पास एक दृष्टिकोण होता है, तभी कोई कला निखर कर अपने यौवन में आती है और पत्थर से मूर्ति का रूप धारण कर लेती है।

जो भी चुनौतियों भरी परिस्थितियाँ तुम्हारे सामने आती हैं, वे सब पत्थर के समान ही तुम्हारे सामने आती हैं। अब उन्हें पत्थर से और भोंटा पत्थर बनाना है या सुंदर मूर्ति का रूप देना है, वह तुम्हारी कला पर निर्भर करता है। इसके लिए तुम्हारे पास भी कलाकार की भाँति अपने भविष्य को देखने की कल्पना शक्ति चाहिए, जीवन के प्रति धुन चाहिए, एक दृष्टिकोण चाहिए, एटीट्यूड चाहिए, अपने ही बनाये हुए सिद्धान्त चाहिए।

चुनौतियाँ तो जीवन का एक अंग हैं। जीवन तभी चलता है जब इसमें चुनौतियाँ भरी हुई हों। चुनौतियों रहित जीवन तो नीरस हो जाता है। वास्तव में तो उस जीवन में तो हमें मजा नहीं आता है।

हम तीखी मिर्च-मसाले वाली चाट बड़े शौक से खाते हैं, शी...शी. करते जाते हैं। नाक में पानी आता है, आँख से आँसू आते हैं, फिर भी चाट वाले से कहते हैं - एक और देना। अरे भाई! मजा आ रहा है तो शी...शी... क्यों कर रहे हो, आँसू क्यों आ रहे हैं, नाक क्यों टपक रही है। वास्तव में तो हमें भी तकलीफ में ही मजा आता है।

टोरा-टोरा जैसे खतरनाक झूले में लोग खुशी-खुशी पैसे देकर बैठते हैं, फिर जब वह ऊपर जाकर अपनी स्पीड में आता है और उल्टा-पुल्टा होता है तो लोग रोते हैं, चीखते हैं, चिल्लाते हैं, चिल्ला-चिल्ला कर कसम खाते हैं। बस, एक बार उतर जायें तो फिर कभी नहीं बैठेंगे, लेकिन जैसे ही वह रुकता है तो बड़े हँसते हुए कहते हैं कि 'मजा आ गया'।

अरे! मजा आ रहा था तो चीख-चीख कर रो क्यों रहे थे।

जीवन की चुनौतियों को निपटाने के लिए जीवन का मिशन भी आग उगलता हुआ होना चाहिए, वरना ये ही चुनौतियाँ तुम्हें अपनी राह से भटकाने में कामयाब हो जायेंगी।

जिनके जीवन का 'क्यों' भावनाओं के साथ धधकता हुआ होता है, वे 'कैसे' की हर मुश्किलों को झेल जाते हैं और उन्हें चुटकी में निपटा लेते हैं।

एक कुत्ते ने खरगोश को देखा। खरगोश भागा, भागते-भागते एक गहरे बिल में छिप गया। कुत्ता मिट्टी खोदता रहा। एक कुत्ते को मिट्टी खोदते देखा तो चार कुत्ते और आ गये, पाँच को देखा तो दस और आ गये, परन्तु जैसे ही धूप बढ़ने लगी तो तीन-चार कुत्ते भाग गये। तेज गर्म हवा चलने लगी तो चार-पाँच कुत्ते और भाग खड़े हुए, जब लू के थपेड़े चलने लगे तो सिर्फ वही कुत्ता मिट्टी खोद रहा था, जिसने खरगोश को बिल में जाते हुए देखा था। बाकी कुत्ते जो कुत्ते को देखकर आये थे, वे थोड़ा-सा चैलेंज आते ही भाग खड़े हुए।

चैलेंज तो आयेंगे ही, लेकिन यदि ड्रीम स्ट्राँग है, विज़न पावरफुल है तो आने दो कितने भी चैलेंज आयें। आप अपने मकसद में कामयाब होंगे ही। यदि दूसरों की देखा-देखी या बिना किसी मकसद के काम किया तो चैलेंज हमेशा भारी लगेंगे।

चैलेंज ना तो छोटा होता है और ना ही बड़ा, वह तो मात्र चैलेंज है, जो आना ही है। इसका माप तो ड्रीम से होता है। अगर चैलेंज बड़ा लग रहा है तो इसका मतलब ड्रीम छोटा है और यदि चैलेंज छोटा लग रहा है तो इसका मतलब ड्रीम बड़ा है।

यह वर्कशॉप चुनिंदा लोगों की थी, इसलिए लोग कम थे। चेतन का सभी से आई कॉन्टेक्ट बना हुआ था। वह लोगों के बीच ही रह कर बात कर रहा था।

इसी बीच एक व्यक्ति ने कहा "आप कुछ भी कहो, लेकिन चैलेंज से व्यक्ति परेशान तो हो ही जाता है एवं भटक भी जाता है।"

चेतन ने रुक कर कहा – "आप ठीक कहते हो, पर यह तभी होता है, जब ड्रीम कमजोर हो।"

सामान्यतया दस डेसीमल के दर्द में आदमी की मृत्यु हो जाती है, लेकिन जब कोई माँ अपने बच्चे को जन्म देती है तो उसे बारह डेसीमल से भी ज्यादा का दर्द होता है।

प्रसव के दौरान वह चीखती है, चिल्लाती है, परन्तु उसकी चीख में हँसी छिपी है, उसके चिल्लाने में खुशी छिपी है, क्योंकि इस वक्त वह अपने सपने को पूरा कर रही है। उसे मालूम है कि इस पीड़ा के बाद आनंद ही आनंद है।

सपने को पूरा करने का जुनून होता है तो चैलेंज में भी खुशी छिपी होती है।

जीतने वाला हार सकता है और हारने वाला जीत सकता है, फर्क सिर्फ इस बात का है कि जो घटा है, उसे आप किस ढंग से लेते हैं। हार को चैलेंज मानकर आप अनुत्साहित होकर दुखी होते हो या उसे भी उत्सव की तरह मनाते हो।

तुम अगर दुख को भी उत्सव की तरह मनाते हो तो वह दुख, दुख नहीं रहेगा, खुशी में बदल जायेगा। और हो सकता है, सामने वाला दुखी हो जाये।

रामपुर के जालिम सिंह पहलवान की कुश्ती की चर्चा आस-पास के गाँव में थी। वह हर हफ्ते होने वाले कुश्ती के दंगल में बे-नागा जीतता, पर हर बार जब अखाड़े में खड़ा होता तो सभी को चैलेंज करता – "कोई है..... जो जालिम सिंह से कुश्ती लड़ेगा?"

एक दिन झुम्मन जाँघ ठोक कर खड़ा हो गया। सभी ने बहुत रोका- झुम्मन, तू डेढ़ पसली का आदमी। तेरा हाड़-मांस दिखाई दे रहा है, तेरे

में जान तो है नहीं, फिर तू इस संड-मुसंड जालिम सिंह को चैलेंज कर रहा है। कुछ सोचा है या फिर ऐसे ही। मत लड़ झुम्मन, मत लड़। लेकिन झुम्मन कहाँ सुनने वाला था। लँगोटी लगाकर कूद गया अखाड़े में।

होना क्या था, एक ही दाँव में झुम्मन चित्त था। जालिम सिंह उसकी छाती पर चढ़ गया। इतने में झुम्मन हाथ उठाकर जोर-जोर से बड़े उत्साह से चिल्लाने लगा –

''जालिम सिंह जीत गया, झुम्मन हार गया। जालिम सिंह जीत गया, झुम्मन हार गया।'' झुम्मन हाथ-पैर उठा कर लेटे-लेटे चिल्लाता रहा – ''जालिम सिंह जीत गया......।''

पहलवान जालिम सिंह समझ ही नहीं पाया, ये क्या हो गया? हड़बड़ा कर उसके ऊपर से उठ गया। जालिम सिंह के उठते ही झुम्मन उछलता-कूदता पूरे अखाड़े में चिल्लाने लगा..''जालिम सिंह जीत गया, झुम्मन हार गया........'' उसका ये अति उत्साह देखकर कुश्ती देखने आये लोग भी उसके साथ चिल्लाने लगे। जो लोग जालिम सिंह के लिए हार-मालायें फूल-पत्ती लाये थे, झुम्मन के ऊपर डालनी शुरू कर दीं। एक ने झुम्मन को कंधे पर उठा लिया और जोर-जोर से गाने लगा – ''जालिम सिंह जीत गया....झुम्मन हार गया....जालिम सिंह जीत गया...'' और पूरे गाँव में जुलूस निकाल दिया।

कोने में खड़ा-खड़ा जालिम सिंह यह देखता रहा। जालिम सिंह ये समझ ही नहीं पा रहा था कि जीता कौन है? और झुम्मन बात भी सही कर रहा था। पता नहीं, इसी कशमकश में मुँह छिपाता हुआ घर चला गया।

अगले हफ्ते फिर अखाड़ा लगा। जालिम सिंह एक बार फिर जाँघ ठोक कर अखाड़े में आवाज लगाने लगा...... ''है कोई, जो कुश्ती लड़ेगा।''

झुम्मन फिर अखाड़े के अंदर आ पहुँचा। झुम्मन के आते ही जालिम सिंह अखाड़े से ये कहते हुए बाहर आ गया, ''किसी से भी लड़ सकता हूँ, पर झुम्मन तुमसे नहीं लड़ूँगा।''

"जो हार में भी जीत का जश्न मनाये, उसे भला कौन हरा सकता है।"

झुम्मन ने हारी हुई परिस्थिति में 'Take it easy & Let's celebrate' किया।

लोगों ने इतनी जोर से ठहाका लगाया कि पाँच मिनट तक वे रुके ही नहीं।

हाथ में पानी का गिलास लिये लोगों के बीचोंबीच घूम-घूम कर चेतन पीछे तक पहुँच गया और एक टेक्निक परोस दी।

जीवन में आई चुनौतियों से निपटने के लिए, जीवन को नैतिकता से बिताने के लिए एवं सामने आई परिस्थितियों को सहजता से सुलझाने के लिए व्यक्ति को सबसे पहले अपने जीवन के कुछ सिद्धान्त बनाने चाहिए और फिर पूरा जीवन मरते दम तक उन्हीं सिद्धान्तों पर चलाना चाहिए।

जब परिस्थितियाँ सामने मुँह बायें खड़ी हों, तब सिद्धान्त नहीं बनते हैं, तब तो हम परिस्थितियों के चंगुल में होते हैं और अपना स्वार्थ देखने लगते हैं। सिद्धान्त तो तब बनाने चाहिए, जब इनकी जरूरत ना हो।

अथाह सागर में जब चारों ओर सिर्फ पानी ही पानी दिखाई देता है। ऐसे में आदमी तो क्या, एक पक्षी को भी देखना दूभर है। उस वक्त जहाज यदि एक इंच भी अपनी दिशा से खिसक जाये तो न जाने कहाँ का कहाँ पहुँच जाये, अपनी मंजिल से भटक जाये। इस मीलों लंबे-चौड़े सागर में सिर्फ दिशा सूचक के बल पर ही जहाज चल सकता है, वह अपनी दिशा को ही पकड़ कर इच्छित मंजिल पर पहुँच सकता है।

ऐसे ही जीवन के इस अथाह सागर में यदि हमने एक निर्णय भी गलत ले लिया तो हमारे जीवन की दिशा ही बदल जाती है। हम ना जाने कहाँ के कहाँ पहुँच जाते हैं, अपनी मंजिल से भटक जाते हैं। इस अमूल्य एवं चमत्कारिक जीवन में हमारे सिद्धान्त ही दिशा सूचक का काम करते हैं। जिस तरह जहाज अपनी दिशा को पकड़कर ही चलता है, उसी प्रकार जीवन में अपने सिद्धान्तों को ही पकड़ कर चलना होगा, जिससे इच्छित

मंजिल पर पहुँचा जा सकता हैं।

जब एक बार सिद्धान्त बन गये तो परिस्थितियाँ कुछ भी आयें, वे उसी सिद्धान्तों के अनुसार ही ढलनी चाहिए। सिद्धान्त नहीं बदलने चाहिए, परिस्थितियाँ तो हर दम बदलती रहेंगी, अनुकूल या प्रतिकूल आती ही रहेंगी।

लोग परिस्थितियों के अनुसार अपने सिद्धान्त बदलते रहते हैं, जबकि सिद्धान्तों के अनुरूप परिस्थितियाँ बदलनी चाहिए।

लचीलापन सिद्धान्तों में नहीं चाहिए, अपने आप में चाहिए, परिस्थितियाँ तो स्वतः ही लचीली हो जायेंगी।

जब आपके सिद्धान्त अटल होते हैं तो हर परिस्थितियों में आपको अधिक सोचने-विचारने की जरूरत ही नहीं रहती है परिस्थितियों को सिद्धान्त की कसौटी पर कसो और तुरन्त निर्णय लो। इससे ना तो अनिर्णय की स्थिति रहेगी और ना ही कन्फ्यूज़न की।

अपने सिद्धान्तों से निर्देशित होना, परिस्थितियों से नहीं।

सिद्धान्त यदि कमजोर होंगे तो परिस्थितियाँ उन पर हावी हो जायेंगी। कमजोर सिद्धान्त का मतलब हम उनको उपयोग करने में कमजोर हैं।

जब एक बार सिद्धान्त तय हो जाते हैं तो दिमाग वही करता है, जो आप कहते हो, क्योंकि अगर वो कुछ गलत भी सोचता है तो आप अपने सिद्धान्तों की कसौटी पर उसे कसते हो और अपने दिमाग को आदेश देते हो। और फिर आपका दिमाग एक वफादार नौकर की तरह आपकी बात मानता है। यदि आपके जीवन के सिद्धान्त तय नहीं होते तो जैसा दिमाग चलाता है, हम वैसे ही चलने लगते हैं और हम दिमाग के नौकर बन जाते हैं। फिर हम परिस्थितियों के अनुसार ढल कर निर्णय करने लगते हैं। परिस्थितिवश किये गये निर्णय हमेशा गलत ही होते हैं।

ध्यान रखना हमारे जीवन में वही प्रतिलक्षित होता है, जो कूट-कूट कर हमारे दिमाग में भरा होता है। मौका पाते ही वह बाहर भी निकल पड़ता है।

यह कह कर चेतन ने सभी से कहा – मैं 20 गिनती गिनूँगा और तुम्हें कोई भी एक पेंटिंग कागज पर बनानी है।

चेतन ने बोला – 1, 2, 3, ...20, अब आपका समय समाप्त होता है।

जब चेतन ने रिज़ल्ट दिखाया तो सारे एक साथ हँस पड़े, क्योंकि ९० प्रतिशत लोगों की लगभग एक-सी ही पेंटिंग थी। जिसमें एक झोपड़ी, बगल में पेड़, उसके ऊपर एक चिड़िया, पेड़ के पीछे पहाड़, झोपड़ी के सामने टेढ़ा-मेढ़ा रास्ता।

अधिकांश लोगों की वही पेंटिंग बनी, जो बचपन में सैकड़ों बार बनाई थी, जो कूट-कूट कर दिमाग में भरी थी।

इसीलिए दिमाग में क्या भरना है, यह सबसे महत्त्वपूर्ण है और उसका सबसे आसान तरीका है, अपने नैतिक सिद्धान्त बनाओ, उन्हें कूट-कूट कर दिमाग में डालो और उन पर दृढ़ रहो।

एक अधेड़ व्यक्ति ने हाथ उठाकर प्रश्न पूछा –

''हम जानते तो बहुत कुछ हैं, पर वे जीवन में फॉलो हो ही नहीं पाते ?''

किन्हीं बातों का जानना अलग होता है और उन्हें अपना सिद्धान्त बनाना अलग होता है। जानने से कोई चीज फॉलो नहीं होती, सिद्धान्त बनाने से ही फॉलो होती है।

झुम्मन जानता था, झूठ नहीं बोलना चाहिए। किसी की भूली हुई या पड़ी हुई चीज नहीं उठाना चाहिए। रिश्वत नहीं लेनी चाहिए। किसी पराई माँ-बहन को गलत निगाह से नहीं देखना चाहिए।

पर उसके जीवन में अपने कोई अटल सिद्धान्त नहीं थे। बस, इसीलिए जैसे ही मौका मिलता, वह उपर्युक्त कोई भी काम करने से नहीं चूकता और जब वह ये सब गलत काम करता तो स्वयं ही उसके फेवर में कोई ना कोई तर्क मन ही मन सोच लेता और अपने को सही साबित करता हुआ सब कर डालता। वह जानता था कि झूठ नहीं बोलना

चाहिए, पर जैसे मौका लगता तो सोचता इतने से झूठ बोलने से क्या फर्क पड़ता है मैं नहीं बोलूँगा तो मुझे काफी नुकसान हो जायेगा या सामने वाला नाराज हो जायेगा, तो थोड़ा-सा बोल दिया, इससे क्या बिगड़ गया।

वो जानता था कि चोरी नहीं करनी चाहिए, लेकिन जैसे ही किसी की भूली हुई या पड़ी चीज दिखाई देती या रास्ते में नोट मिल जाता तो उठा लेता और सोचता, इसमें क्या है! अगर मैं नहीं उठाता तो कोई और उठा लेता तो मैंने ही उठा लिया, क्या फर्क पड़ता है।

कभी कोई दुकानदार भूल से कम पैसे ले लेता तो उसे ध्यान भी नहीं दिलाता। सोचता, इसमें मेरी क्या गलती है। उसने ध्यान नहीं दिया तो मैं क्या करूँ।

ट्रेन में बच्चे की उम्र कम लिखा कर सोचता, मेरा बच्चा लगता ही छोटा है तो सही उम्र क्यों लिखाऊँ, सरकार तो वैसे ही लूट रही है। और सभी ऐसा ही कर रहे हैं तो मैंने करके क्या गलत कर दिया।

वैसे तो झुम्मन रिश्वत नहीं लेता था, लेकिन जब बेटी की शादी आयी तो दबाकर रिश्वत खाई। क्योंकि उसने सोचा, क्या फर्क पड़ता, पहली बार ही तो ले रहा हूँ और ले भी रहा तो अपने लिए थोड़े ही ले रहा हूँ, लड़के वाले भी तो दहेज माँग रहे हैं तो मैं क्या करूँ? और सामने वाला भी तो कमायेगा। इसमें मैंने थोड़ा-सा हिस्सा ले भी लिया तो क्या पाप हो गया, ये तो वैसे ही लूट रहा है।

झुम्मन जानता था कि किसी माँ-बहन को बुरी नजर से नहीं देखना चाहिए, लेकिन कभी-कभी मौका लगता तो चूकता नहीं। सोचता, मेरी क्या गलती? वह ही मुझे घूर रही थी, वह तो छिड़ने को ही तैयार बैठी थी तो मैंने ही छेड़ दिया। नहीं तो कोई और छेड़ता या अकेले में ही तो देखा, सबके सामने थोड़ी देखा, क्या फर्क पड़ गया? इतना तो चलता है।

झुम्मन के जीवन के अटल सिद्धान्त नहीं हैं। वह सिर्फ जानता है। बस, इसलिए वो परिस्थितियों के अनुसार सिद्धान्त बदलता जाता है और अपने को संतुष्ट करता जाता है। परिस्थितियों के अनुसार उसके सिद्धान्त लचीले होते गये।

अगर झुम्मन के जीवन के सिद्धान्त अटल होते तो परिस्थितियाँ कुछ भी हों, वह सिद्धान्त के अनुसार निर्णय लेता, ना कि परिस्थितियों के अनुसार।

अगर उसका दिमाग कुछ गलत सोचता भी तो उसे अपने सिद्धान्तों के अनुसार आदेश दे सकता था और अपने दिमाग को अपने कंट्रोल में रख सकता था। उसे वर्तमान की परिस्थितियों के बारे में कुछ अधिक सोचने की भी जरूरत नहीं थी। बस, सिद्धान्तों की कसौटी पर कसने की जरूरत थी।

घूमते-घूमते चेतन थक गया तो स्टेज पर लगी कुर्सी पर जाकर बैठ गया और अपनी बात आगे बढ़ाते हुए बोला -

आपकी जिन्दगी का सिद्धान्त होना चाहिए कि मुझे क्रोध नहीं करना है तो हो सकता है, किसी बात पर आपको क्रोध आये तो भी आप अपने सिद्धान्त को सोचो तो तुरंत आपका क्रोध खत्म हो जायेगा।

कई मौके ऐसे आयेंगे, जब आप मान के शिकार हो जायेंगे, तब यही सिद्धान्त आपको विनम्र बनने में सहयोगी होंगे।

मायाचारी करके कार्य को निकालने का मन ललचायेगा, पर यदि आप सिद्धान्तों से बँधे हैं तो इस कुटिलता से बच जायेंगे।

समय-समय पर मन में लालच न आयें, ये बहुत मुश्किल होता है, लेकिन इन्हीं सिद्धान्तों की डोर आपको इस लोभ से बचा कर रखेगी।

लापरवाही के कारण या बुरे भावों के कारण हिंसा, झूठ, चोरी या किसी माँ, बहन के ऊपर बुरी निगाह के परिणाम उद्वेलित तो करेंगे, पर इन सिद्धान्तों से ही आप उस पर विजय प्राप्त करने में सफलता पायेंगे।

यदि जिन्दगी का सिद्धान्त है कि मुझे हर बात में सकारात्मकता ही ढूँढनी है तो आपको नकारात्मक दिखाई तो देगा, आप कभी-कभी नकारात्मक भी होंगे, पर जैसे ही आप अपने सिद्धान्तों को याद करेंगे तो आप स्वतः ही उन्हीं परिस्थितियों में सकारात्मकता ढूँढने लगेंगे।

यदि जिन्दगी का सिद्धान्त है कि मुझे किसी की मजाक में इगो हर्ट

नहीं करनी तो मौके तो बहुत आयेंगे, मजाक उड़ाने के और लोग आपको उत्साहित भी करेंगे, लेकिन जैसे ही आपको आपका सिद्धान्त याद आयेगा तो आप किसी की जिन्दगी के साथ खिलवाड़ करने से रुक जायेंगे।

यदि आपका सिद्धान्त है कि मुझे किसी की आलोचना नहीं करनी, किसी की बिना वजह निंदा, बुराई नहीं करनी एवं अनावश्यक शिकायतें नहीं करनीं, ऐसे मौकों की कमी कभी नहीं आयेगी, पर ये तभी रुक पायेंगे, जब आपका यह सिद्धान्त होगा और हर वक्त उचित मौके पर याद आयेगा तो आप लोगों की प्रशंसा ही करते पाये जायेंगे, अन्यथा आपकी जिन्दगी इसी में बर्बाद हो जायेगी।

ऐसे ही यदि आपका सिद्धान्त है - शराब नहीं पीना है, सिगरेट नहीं पीना है तो भले ही माहौल कुछ भी हो, दोस्त-यार कितना भी बिगाड़ने की कोशिश करें, खुशी या गम कुछ भी हो। इससे बचने के लिए आपका सिद्धान्त काम आयेगा, वरना चल यार! एक बार से क्या फर्क पड़ता है, से शुरूआत होकर ना जाने कहाँ रुके ये सब।

ऐसे ही ना जाने कितने सिद्धान्त तुम अपनी जिन्दगी में बना सकते हो, जो तुम्हारी सोच व आचरण से संबंध रखते हैं।

हो सकता है, किन्हीं विशेष परिस्थिति में सिद्धान्त बदलने भी पड़ जायें तो भी उन मूल्यों को सँजो कर रखना, जिन पर ये सिद्धान्त टिके हैं।

जोरदार तालियों ने चेतन की इस बात का स्वागत किया।

नियम अटल होते हैं, उसमें कोई गुंजाइश नहीं होती है बदलाव की और सिद्धान्त जब अपने लिए नियम में बदल जाते हैं, तब ही वे वास्तव में निर्विघ्न रूप से फॉलो होते हैं, जीवन के उपयोग में आते हैं।

अगर तुम अपने सिद्धान्तों पर, जो नियम बन गये हैं, उन पर अटल रहते हो तो तुम्हारे आस-पास के लोग एवं दुनिया तुम्हारे अनुसार अपने आपको ढाल लेगी, वरना तुम्हें अपने आप को उनके अनुसार ढालना पड़ेगा।

अपने सिद्धान्तों पर अटल रहने के लिए चारित्रिक शक्ति की

आवश्यकता होती है। एक मजबूत आदमी ही अपने सिद्धान्तों पर टिका रह सकता है।

लोगों के लिए चेतन की यह स्पेशल वर्कशॉप वास्तव में जीवन में बड़ा परिवर्तन लाने के लिए रीढ की हड्डी का काम कर रही थी। लोग बड़ी ही तल्लीनता से एक-एक शब्द को जीवन में उतारने का प्रयास कर रहे थे, पर चेतन अपने ही फॉम में लगातार बोलता जा रहा था।

वही अधेड़ व्यक्ति फिर खड़ा हो गया और पूछने लगा - "यह चरित्र की बात सब ठीक है, पर योग्यता की भी आवश्यकता है या नहीं? या बिना योग्यता के सिर्फ चरित्र से ही काम चल सकता है?"

चेतन - "बड़ी जबरदस्त बात पूछी है आपने भाई साहब।"

"योग्यता से आप सफल बनते हैं, पर चरित्र से आप सफल बने रहते हैं।"

अपनी योग्यता से आप एक बार सफल बन तो जायेंगे, पर चरित्र के बिना सफलता के शिखर पर टिके रहना मुश्किल है। योग्यता सफलता की सीढ़ी है, पर चरित्र शिखर का चबूतरा जिस पर आप ठहरेंगे। सफल बनना क्षणिक कार्य है, लेकिन सफल बने रहना स्थायी कार्य है, इसलिए चरित्र योग्यता से ज्यादा जरूरी है।

लोग सफलता के नशे में चरित्र खो देते हैं और शराबी की भाँति शिखर से औंधे मुँह गिर जाते हैं। सफलता तो होनी चाहिए, पर सफलता का नशा नहीं होना चाहिए।

पुत्र को जन्म देने की योग्यता तो वेश्या में भी है और सती में भी, पर एक के पास चरित्र है और एक के पास नहीं है। बस, इसलिए दोनों के पुत्रों की प्रतिष्ठा में अंतर पाया जाता है।

अब चेतन बिना साँस लिये बोलता जा रहा था -

बाँझ को पुत्र नहीं हो सकता एवं विधवा के भी पुत्र नहीं हो सकता। देखने में दोनों एक-सी दिखाई देती हैं, पर बाँझ में पुत्र पैदा करने की योग्यता ही नहीं है, लेकिन विधवा में पुत्र पैदा करने की योग्यता तो है, लेकिन उचित नैतिक चरित्रवान संयोग मिले, तब ही वह योग्यता निखर

कर आती है। ऐसे ही आप में किसी भी सफलता को हासिल करने की योग्यता तो है, आप कर सकते हैं, लेकिन उचित नैतिक चारित्रिक संयोग मिले तो ही वह योग्यता निखर कर आती है।

ताश खेलते वक्त यदि पत्ते अच्छे आ जायें तो हर व्यक्ति ईमानदारी से सिद्धान्तों पर खेलना पसंद करता है, पर चरित्र तो तब पता चलता है, जब पत्ते खराब हों और वह ईमानदारी से खेले।

अनुकूल परिस्थिति में तो सभी सिद्धान्तों की बातें करते हैं, लेकिन चरित्र तब पता चलता, जब परिस्थितियाँ प्रतिकूल हों।

अब जाकर चेतन का स्वर धीमा हुआ, मानो उसने साँस ली हो। उसके रुकते ही लोगों ने उसे तालियों की गड़गड़ाहट से भर दिया।

मैं जानता हूँ, ये आसान नहीं है, पर अभी मुश्किल काम कर दिया तो पूरा जीवन आसान हो जाता है और अभी आसान काम किया तो पूरा जीवन मुश्किल हो जाता है। अब ये आपको डिसाइड करना है, काम आसान चाहिए या जीवन ?

एक बड़ा प्रश्न चेतन ने छोड़ दिया और तुरंत ही आज के दिन की वर्कशॉप का अंत कर दिया।

राजा साधारणीकरण का सिद्धान्त जानता था। जो हर व्यक्ति में होता है, पर लोग इसे सही जगह उपयोग नहीं करते। जब हम फिल्म देखने जाते हैं या कोई उपन्यास पढ़ते हैं तो अपनी रुचि के अनुसार किसी ना किसी पात्र से अपने आपको जोड़ लेते हैं, उससे अपना साधारणीकरण कर लेते हैं।

राजा ने यह साधारणीकरण का सिद्धान्त चेतन के साथ कर लिया था, अपने आपको अपने मेंटर के साथ जोड़ लिया था। जब भी कोई चैलेंज आता, कोई डिसीजन करना होता तो वह सिर्फ इतना सोचता - यदि इस वक्त चेतन होता तो क्या करता। बस, फिर चेतन उसके दिलोदिमाग पर छा जाता और उसका समाधान आसान हो जाता।

वर्कशॉप का दूसरा दिन राजा के प्रश्न से ही शुरू हुआ, जो उसने चेतन से कल जाते-जाते पूछा था –

मैं करना तो बहुत कुछ चाहता हूँ चेतन! परन्तु मैं कैसे कर सकता हूँ ? मैं अकेला हूँ, कुछ बड़ा करने के लिए पैसे भी नहीं हैं, सोर्स भी अपने पास नहीं हैं। घर की हालात तो आपको पता है ही, रिश्तेदार, दोस्त कोई अपना लगता नहीं है, दुनिया बेईमान है, कोई साथ तो चाहिए ही ना। सपोर्ट की जरूरत तो है ही ना। राजा ने अपने सही रीज़नेबल कारण चेतन को गिनाते हुए असमर्थता के स्वर में दयनीय दृष्टि से देखते हुए पूछा।

बस राजा, ये ही तो अकर्मण्यता की बातें हैं। वास्तव में तो ये सब बहाने ही हैं, परन्तु हम उन्हें असलियत का जामा पहना देते हैं।

इंसान काम नहीं करने का कोई न कोई कारण ढूँढ लेता है और बस, जीवनभर उन्हीं कारणों को पकड़े बैठे रहता है। उन्हीं को गोदी में खिलाता है, पुचकारता है और उन्हें ही बड़ा करता रहता है, इसे हम विनिंग फॉर्मूला कहते हैं। वह जीतता तो नहीं है, लेकिन हारने का कारण ढूँढ लेता है और उसी कारण को अपने जीत ना पाने का फॉर्मूला बना

कर अपनी हार को छिपाने की कोशिश करता है। उसे ही अपनी जीत मानता है। आरोप परिस्थितियों पर देकर संतुष्ट हो जाता है। ऐसा नहीं हुआ, इसलिए ऐसा नहीं हो रहा है।

बात करते-करते चेतन को कुछ किस्से याद आ गये -

राजा, मेरा एक दोस्त था हितेश। उसकी छह बहनें थीं और वह अकेला भाई। जब भी मैं उससे कुछ करने के लिए कहता, वह हमेशा कहता - क्या करूँ यार, मैं अकेला हूँ ना! कोई और भाई होता तो सब कर जाता। जैसे-तैसे उसने एक छोटी-सी दुकान डाल ली। मैंने कहा - इसी में काम बढ़ा लो। वह बोलता क्या करूँ यार, मैं अकेला हूँ ना। मैंने कहा - चल कोई बात नहीं, एक नौकर रख ले। तो कहता - क्या करूँ, मैं अकेला हूँ ना। मैं कहता - ग्राहकी बढ़ाने के लिए लोगों से कॉन्टेक्ट तो बढ़ा ले। तो कहता - क्या करूँ, मैं अकेला हूँ ना।

एक दिन उसने ऐसे ही मुझसे पूछ लिया - चेतन, तुमने इतना सब कैसे कर लिया तो मैंने हँसते हुए कहा - क्या करूँ अकेला हूँ ना। इतना सुनते ही वह झेंप गया।

लोग अपनी हँसी ना रोक पाये।

मेरा एक और दोस्त था। कभी-कभी मैं उससे कहता - कुछ कर ना यार! बड़ा कर। तो वह कहता - देख, मेरे पास ना तो पैसे हैं और ना ही कोई सोर्स है, कौन मदद करेगा मेरी ? बिना मदद के कैसे होगा कुछ भी ? मेरे चचेरे भाई को उसके दोस्त ने धोखा दे दिया, मामा को उनके पार्टनर ने नहीं छोड़ा। किस पर भरोसा करें ? कोई अपना तो हो।

कहते हुए चेतन को हँसी आ गई और अप्रत्यक्ष रूप से उन लोगों पर दयादृष्टि से सोच में पड़ गया कि अचानक कुछ और याद आ गया-

राजा मेरे एक और रिश्तेदार हैं। वे हमेशा अपने परिवार के दुखड़े और परिवार की बीमारियों के लिए ही रोते रहते हैं। रोज के घर खर्च के लिए गाना गाते रहते हैं। अरे भाई! पैसे नहीं हैं तो कमाने पड़ेंगे ना, काम ज्यादा करना पड़ेगा ना, मेहनत करनी पड़ेगी ना, तभी तो कमाई होगी या इन.......गानों से।

लेकिन दुर्भाग्य है! लोग अपना कोई ना कोई विनिंग फॉर्मूला पकड़ कर बैठ जाते हैं और उसी झुनझुने को बजाते रहते हैं।

हाँ, कुछ जो ठीक-ठाक काम कर रहे हैं, उनसे आगे बढ़ने के लिए कहो तो ''टाइम नहीं है'' का विनिंग फॉर्मूला पकड़ कर बैठ जाते हैं।

अपने विनिंग फॉर्मूले को पहचानो और उसे सिर मत उठाने दो, वहीं कुचल डालो।

सारी दुनिया ठीक हो जायेगी, तब तुम काम करोगे, ऐसा संभव नहीं है।

याद रखना -

''वर्तमान हालातों में रह कर ही हालातों को बदलना होगा, तभी बेहतर हालात होंगे।''

भरी गर्मी में एक सैनिक अपने घोड़े को लेकर जा रहा था। घोड़ा काफी देर से प्यासा था। पास ही एक खेत देखकर सैनिक ने किसान से घोड़े को पानी पिलाने के लिए कहा। किसान भला क्यों नहीं पिलाता, उसने तुरंत रहट चालू कर दी और कुँए से पानी आने लगा। रहट की चूँ चूँ की करकरी तीखी आवाज से घोड़ा बिदक गया।

सैनिक चिल्लाया - ''किसान चूँ चूँ की आवाज बंद कर'', घबड़ाकर किसान ने तुरंत रहट बंद कर दी, रहट बंद होते ही चूँ चूँ भी बंद हो गई और साथ में पानी भी।

सैनिक बोला - ''भाई! पानी शुरू करो।'' किसान ने फिर रहट चालू कर दी। रहट के चालू होते ही चूँ चूँ चालू हो गई और पानी भी। घोड़ा फिर बिदक गया।

अब सैनिक से रहा नहीं गया, अकड़ कर बोला - ''किसान, पानी आना चाहिए और चूँ चूँ नहीं होनी चाहिए।''

अँगोछा कंधे पर रखते हुए किसान बोला - ''बाबूजी, पानी आयेगा तो चूँ चूँ तो होगी ही। घोड़े को अगर अपनी प्यास बुझानी है तो इसी चूँ चूँ में ही बुझानी पड़ेगी। इन्हीं हालातों में ही पानी पीना पड़ेगा, आप अपने घोड़े को समझाओ। चूँ चूँ बंद होने वाली नहीं है।''

इसलिए जो भी करना है, वर्तमान हालातों में ही करना होगा। इसी चूँ चूँ में ही करना होगा। यदि हालात सुधरने का इंतजार किया तो एक तो इससे बेहतर हालात होंगे नहीं और यदि हो भी गये तो तब तक हम ही नहीं रहेंगे।

एक जन्मांध व्यक्ति को उसके दोस्त ने खीर दी – ''भाई, यह खीर खा ले।''

अंधा – ''कैसी होती है यह खीर ?''

दोस्त – ''सफेद होती है, भाई!''

अंधा – ''यह सफेद कैसा होता है ? मुझे नहीं पता, जरा बताओ।''

दोस्त – ''थोड़ा सोचकर, सफेद बगुले जैसा होता है।''

अंधा – ''दोस्त, मुझे तो बगुला भी नहीं पता। कैसा होता है बगुला ?''

दोस्त संकट में पड़ गया, इस जन्मांध व्यक्ति को कैसे समझाये कि बगुला कैसा होता है ? थोड़ी देर बाद उसे एक आइडिया आया तो उसने अपने एक हाथ को कलाई से पूरा मोड़ कर कोहनी से खड़ा करके अंधे का हाथ अपने हाथ पर फिराते हुए कहा –

''देखो, ऐसा होता है बगुला।'' ऐसा कहकर वह अपने को समझाने में सफल मान रहा था।

जैसे ही अंधे ने दोस्त के हाथ पर हाथ फेरा तो जोर से चिल्लाया– ''हे राम! ऐसी खीर मेरे गले में कैसे जायेगी ? इसे खाने से तो मैं मर जाऊँगा। मैं नहीं खा सकता, ऐसी टेढ़ी खीर।''

अब बताओ, खीर टेढ़ी है या उसकी सोच ?

सारे लोग इतनी जोर से हँसे कि कुछ तो कुर्सी से ही गिर पड़े।

कोई काम असंभव नहीं होता है। हम ही उसके बारे में सोच-सोच कर उसे मुश्किल बना देते हैं, क्योंकि कुछ लोग सिर्फ सोचते रहते हैं और कुछ कर गुजरते हैं। सिर्फ सोचने वालों को हर काम मुश्किल ही लगता है।

ऑपरेशन टेबिल पर दर्द तो सिर्फ एक इंजेक्शन का ही होता है, जो

बेहोशी का है, फिर या तो एक टाँका लगा लो या पूरा शरीर काट लो, कोई फर्क नहीं पड़ता। ऐसे ही जीवन में काम तो करना ही पड़ेगा, उसका दर्द तो होगा ही, फिर या तो दो जून की रोटी कमा-खा लो या कोई महान काम कर इतिहास रच डालो।

लोगों ने जोरदार ताली बजायी।

दोस्तो! किसी काम की कोशिश मत करना, क्योंकि काम या तो होता है या नहीं होता। होना या नहीं होने के बीच में कुछ नहीं होता। कोशिश शब्द में काम ना होने की भी ध्वनि शामिल है।

तुम अनंत शक्तियों का पुंज हो। तुम्हारे अंदर अनंत शक्तियों का भंडार है, परन्तु हमारा ध्यान उनकी तरफ जाता ही नहीं है। हमारी तलाश तो हमेशा बाहर ही बनी रहती है।

एक सेठ बेशकीमती रत्न लेकर ट्रेन में तीन दिन का सफर तय करके अपने घर जा रहा था। एक जेबकतरे को यह भनक लग गई, तो उसने सेठ के सामने वाली सीट ले ली। सेठ भी कम होशियार नहीं था, स्थिति को भाँप गया। जेबकतरा रात को जल्दी सो गया, जिससे अर्धरात्रि के बाद जेब में से रत्न निकाल लेगा। लेकिन जेबकतरा उठता, इससे पहले ही सेठ ने अपनी जेब से रत्न निकाल कर जेबकतरे की जेब में रख दिया और चद्दर तान कर गहरी नींद में सो गया।

आधी रात को जेबकतरा उठा और सेठ की जेबें तलाशता रहा, परन्तु कुछ नहीं मिला तो वापस सुबह की हलचल होने के पहले सो गया। सेठ ने देखा कि जेबकतरा सो गया है तो धीरे से उसकी जेब में से फिर अपना रत्न निकाल लिया और अपनी जेब में रख लिया।

अगली रात फिर वही घटनाक्रम चलता रहा और अंततः जेबकतरा थक गया, उसे रत्न नहीं मिला। जब गंतव्य स्टेशन पर पहुँचा तो सेठ के चरणों में लोट गया, बोला - सेठजी, पच्चीस साल से जेब काट रहा हूँ, परन्तु आज तक ऐसा नहीं हुआ कि माल ना मिला हो। मैं आपको अपना गुरु मानता हूँ। कृपा करके यह बताओ, पुड़िया छिपाई कहाँ थी?

सेठ ने कहा - बेटा! वह तो तेरे ही पास थी, तू ही उसका स्वामी

था, परन्तु मैं जानता था, तू अपनी जेब कभी नहीं टटोलेगा, हमेशा दूसरों की ही जेब में माल तलाशता रहेगा। एक बार अपनी जेब भी तो देख लिया कर।

हमारा ध्यान अपने में विद्यमान शक्तियों की खोज कर उनका भरपूर उपयोग करने की बजाय बाहर शक्तियाँ तलाशने में लगा रहता है या दूसरों की शक्तियों को देख-देख कर दुखी होने में, ईर्ष्या करने में लगा रहता है और हम स्वामी होकर भी भिखारी बने रहते हैं।

इंसान अपनी कमजोरियों को याद रखता है और शक्तियों को भूल जाता है, जबकि उसे कमजोरियों को भी शक्ति में बदल देना चाहिए।

चेतन की इस बात को सुनकर वहाँ बैठे सभी लोग अपने आप को शक्तिमान महसूस करने लगे।

चेतन ने आगे बोलना शुरू कर दिया - अपनी विद्यमान शक्तियों को बचाओ। उस जगह बर्बाद मत करो, जहाँ तुम्हारी जरूरत ही नहीं है।

''जो काम कोई और कर सकता है, उसे तुम मत करो। तुम वह काम करो, जो कोई और नहीं कर सकता, सिर्फ तुम ही कर सकते हो।''

हालाँकि कोई भी काम छोटा या बड़ा नहीं होता, काम तो सिर्फ काम ही होता है, परन्तु अगर तुम वह काम करोगे जो कोई और कर सकता है तो वह काम कौन करेगा जो सिर्फ तुम ही कर सकते हो? समय और साधन तो सीमित हैं ना।

सिर्फ काम करना ही इम्पोर्टेंट नहीं है, बल्कि सही समय पर सही काम करना जरूरी है। तुम्हारा समय बहुत कीमती है।

जरा-सा मच्छर इतने बड़े छह फीट के लंबे-चौड़े आदमी को रात भर सोने नहीं देता, बल्कि परेशान कर देता है, क्योंकि वह सोते वक्त आदमी के कान के पास जाकर भिनभिनाता है तो आदमी परेशान होकर चिड़चिड़ाने लगता है।

इतने छोटे से मच्छर ने इतने बड़े आदमी को विचलित कर दिया, सिर्फ इसलिए, क्योंकि उसने अपना काम सही समय पर, सही जगह किया।

जोश में आकर चेतन धाराप्रवाह, बड़े आक्रामक तरीके से बोलता जा रहा था।

दूसरी चीजों की कीमत हम लगाते हैं, परन्तु अपनी कीमत दूसरों से लगवाते हैं। तुम्हें अपनी कीमत खुद लगानी होगी।

रिजर्व बैंक अपने नोटों पर अपनी कीमत खुद डालता है और हम उस कागज के टुकड़े की वही कीमत आँकने लगते हैं, जो उसने उस कागज पर लिख दी। एक रुपया या एक हजार रुपया, उसमें हम कागज की लागत नहीं लगाते।

जरूरी नहीं है कि हर विश्व-सुंदरी तुम्हें विश्व-सुंदरी बनने के पहले उतनी सुंदर लगे। हम उसमें सुंदरता तब ढूँढने लगते हैं, जब वह अपने आप पर विश्व-सुंदरी का लेबल लगवा लेती है।

एक घड़ी सौ रुपये की आती है और एक लाख रुपये की आती है। समय दोनों ही एकदम सही बताती हैं, परन्तु एक लाख की घड़ी के उत्पादक ने उसकी कीमत एक लाख रखी तो हम उसकी उतनी ही कीमत आँकते हैं, उसे उसी नजरिये से देखते हैं और उसे पहनकर अपने आपकी कीमत बढ़ी हुई मानने लगते हैं।

एक पेंटिंग कितने में बिकनी चाहिए, यह उसकी लागत पर निर्भर नहीं करता, उसकी कीमत क्या है? यह उस पेंटर की सेल्फ इमेज पर निर्भर करता है, जिसने वह पेटिंग बनाई है। चाहे तो सौ रुपये रखे या पाँच लाख। दुनिया उस पेंटर की कला उसी अनुसार देखना शुरू कर देती है।

हर चीज की कीमत उसका मालिक स्वयं लगाता है और दुनिया उसकी वेल्यू उस कीमत के अनुसार ही करने लगती है। तुम अपने मालिक स्वयं हो, कोई और नहीं तो फिर अपनी कीमत दूसरे से क्यों लगवाते हो? अपनी कीमत खुद डालो।

तुम्हारी परेशानी का कारण ही यही है कि तुम अपनी कीमत दूसरों से लगवाते हो और दुखी होते हो। तुम अपनी कीमत जितनी डाल दोगे, दुनिया तुम्हारी उतनी ही कीमत करने लगेगी। याद रखना, तुम बेशकीमती हो।

चेतन ने टेबल ठोककर जोर से कहा।

फिर एक-एक व्यक्ति की तरफ उँगली उठाकर चीखकर कहा - तुम बेशकीमती हो....... तुम बेशकीमती हो....... तुम भी बेशकीमती हो....... और तुम....... तुम भी....... तुम भी बेशकीमती हो....... बस, अपने को पहचान लो।

खुशनुमा व अति उत्साहित माहौल में आज की वर्कशॉप पूरी हो गई।

विजय की तबीयत अब सुधरने का नाम ही नहीं ले रही थी। ललिता कभी आध्यात्मिक गीत सुनाती तो कभी संसार की क्षण-भंगुरता का ज्ञान कराती, लेकिन जिसने अपना जीवन आध्यात्मिक रूप से बिताया हो, उसे ही जीवन की सांध्यवेला में इसका फायदा मिलता है, पर जिसे अंत समय में ही धर्म और भगवान याद आये, उसे तो पश्चात्ताप ही हाथ आता है।

डॉक्टरों ने जवाब दे दिया था, इसके बावजूद अपनों को कौन मरने के लिए छोड़ता है। अंतिम साँस तक को बचाने की कोशिश करते हैं। वास्तव में तो उस वक्त पता चलती है, एक-एक साँस की कीमत, जिसे हम यूँ ही गवाँ देते हैं।

विजय को वेंटीलेटर पर रखना पड़ा, एक-एक घड़ी गिनी जा रही थी। राजा तीन दिन से घर ही नहीं गया। ललिता घर जाती, टिफिन ले आती और सारा दिन विजय के ही पास रहती।

विजय के अभाव की कल्पना मात्र से राजा की रूह काँप उठती।

सुबह पाँच बजे ललिता और राजा को आई.सी.यू के बाहर बुलाया गया। लाल आँखें लिये दोनों पहुँचे। सफेद एप्रिन पहने और मुँह पर पट्टी

लगाये डॉक्टर मुँह लटका कर बोला – "हम नहीं बचा पाये.......।"

राजा के सिर से साया और ललिता के माथे से सिंदूर पुछ गया।

राजा जड़ हो गया, आँख से एक आँसू भी नहीं निकला। गम दिल की गहराई तक बैठ गया। जैसे-तैसे उसे रुलाया गया। यदि न रुलाते तो गम दिमाग पर चढ़ जाता। जब रोया तो ऐसे रोया कि घंटों तक चुप ही नहीं हुआ।

तेरह दिन बाद अब घर खाने को दौड़ रहा था। रिश्तेदार भी चले गये। भरी दुनिया में राजा अपने को अकेला महसूस कर रहा था। अब राजा और ललिता ही एक-दूसरे का सहारा थे।

सूर्यास्त का समय था। ललिता और राजा दोनों बालकनी में बैठे थे। राजा ने चाय पीते-पीते आँचल के बारे में सब कुछ माँ को बता दिया।

ममता भरी नजरों से ललिता ने सिर्फ इतना कहकर सब कुछ कह दिया – "बेटे की खुशी में ही माँ की खुशी है।"

राजा मन ही मन बल्लियों उछल पड़ा, पर बाहर से गंभीर ही रहा। तुरन्त अपने कमरे में जाकर आँचल के पिता को एक पत्र लिख डाला–

अंकल,

मैं जानता हूँ कि आप मुझे नापंसद करते हैं, पर मैं यह नहीं जानता हूँ कि क्यों? आप तो मुझे जानते भी नहीं हैं। आपकी नापसंदगी का कारण क्या सिर्फ यह है कि मैं आपकी बेटी आँचल को पसंद करता हूँ? पर यह बात तो बेमानी है। मैं आपकी बेटी को नापंसद करता तो आप मुझे नापसंद करते, पर जिसे आप दिलो जान से प्यार करते हैं, जिसे आपने पाल-पोस कर इतना बड़ा किया है। यदि उसे मैं पसंद करता हूँ तो आपको तो मुझे बेहद पसंद करना ही चाहिए।

हाँ! दूसरा कारण ये हो सकता है कि मैं कौन हूँ, क्या करता हूँ? यह जानना तो आपका अधिकार है, पर ये तो मैं आप को तब बता पाऊँगा, जब आप मुझे बताने का मौका देंगे।

ये मेरा जवानी का लड़कपन नहीं है, बल्कि जीवन की संजीदगी है। ये महज भावनाओं के तालाब का उथलापन नहीं है, बल्कि प्यार के सागर की गहराई है। ये महज भावुकता नहीं है, बल्कि गंभीरता है। ये मात्र उम्र का तकाजा नहीं है, बल्कि उम्र भर निभाने का वादा है।

मैं बस इतना कहना चाहता हूँ कि जिसे आपने आज तक पिता के प्यार से पाला है, उसे मैं पति के प्यार से सँजोना चाहता हूँ।

विश्वास रखिये, आपकी और मेरी माँ की मर्जी के खिलाफ कभी कुछ भी नहीं होगा, जिससे आपको लज्जित होना पड़े, लेकिन अगर आप तैयार न हुए तो अंतिम साँस तक आपको राजी करने की भरपूर कोशिश करता रहूँगा और आपने आपको साबित करता रहूँगा, क्योंकि अब आँचल मेरे जीवन का एक अंग है।

मुझे पूरी आशा ही नहीं, बल्कि भरपूर विश्वास है कि आप मेरी भावनाओं को कुचलेंगे नहीं, बल्कि उनकी नाजुकता को समझेंगे।

शेष आपका आदेश!

आपका राजा

आँचल को बिना बताये राजा ने पत्र कोरियर कर दिया। आँचल के पापा तो पत्र पढ़ कर हक्के-बक्के रह गये। ऐसा प्रेम पत्र तो उन्होंने कभी सोचा ही नहीं था, तुरंत आँचल को बुलाकर गंभीरता से कहा - ''राजा को चाय पर घर बुलाओ।''

आँचल घबड़ा गई। पता नहीं, क्या गाज गिरने वाली है? पर आदेश की पालना की गई।

पूरी हिम्मत, साहस व विश्वास से राजा उनके सामने खड़ा था।

बड़ी-बड़ी मूँछों एवं रोबीले व्यक्तित्व के धनी आँचल के पापा ने कड़क एवं चुभनशील शब्दों में राजा से बिना किसी भूमिका के सीधे ही पूछा-

''आखिर क्यों करूँ मैं अपनी आँचल की शादी तुमसे?''

सीधा सपाट बंदूक की गोली जैसा प्रश्न सुनकर राजा स्तब्ध रह गया। क्या बोले, बोलने को है क्या जो बोले, फिर भी राजा ने चारों तरफ का साहस बटोरा, हिम्मत जुटाई और सिर्फ इतना ही कहा–

''अंकल, पापा का साया उठ गया है। आप में उनकी छवि देखता हूँ।

आज तक सुना था कि जिन्दगी एक अबूझ पहेली है, लेकिन मुझे इस पहेली का हल मिल गया है। मैं आज तूफानी समुद्र में हिचकोले खाती हुई नाव हूँ, पर तूफानों का रुख बदल देने की सामर्थ्य रखता हूँ। जैसी भावना होती है, वैसी ही सामर्थ्य पैदा हो जाती है तो होगा तो वही, जो मैं चाहता हूँ।

आज तक मेरे कानों ने यही सुना था – 'तुम नहीं कर सकते हो' पर एक आदमी है, जिसने बड़े दम एवं विश्वास से कहा – 'तुम कर सकते हो।'

'मैं नहीं कर सकता हूँ' – शब्द अब मेरे शब्द कोश से निकल गया है। मैं वह सब कर सकता हूँ, जो दुनिया के एक भी आदमी ने किया है। इतना ही नहीं, मैं वो भी करने को तैयार हूँ, जो आज तक किसी ने ना किया हो। बस, सिर्फ सही वक्त का इंतजार और आपके आशीर्वाद की आवश्यकता है।

मैं आज क्या हूँ, इसे मत देखिए। मैं क्या बनने निकला हूँ, इसे देखिए। हम कहाँ पैदा हुए ? कैसे पैदा हुए ? वर्तमान में क्या परिस्थितियाँ हैं ? इसे दोष देने की जरूरत नहीं है। वह हमारे हाथ में नहीं है, लेकिन अब मैंने कुछ चमत्कार करके नहीं दिखाया तो मैं अपने आपको ही माफ नहीं कर पाऊँगा, क्योंकि अब सब मेरे हाथ में है।

अब कोशिश से काम नहीं होगा, करना ही होगा। मुझे अपने आप पर पूरा भरोसा है। अभी तक मेरी शक्तियों का रिसाव हो रहा था, पर अब मैंने अपने आपको पहचान लिया है। मैं शक्तियों के बचाव में जुट गया हूँ और उन्हें सही जगह लगाने के लिए प्रतिबद्ध हूँ।

मैं आज तक अपने आपको ही धोखा दे रहा था, मेरे जीवन के सारे बहाने अब मृतप्राय हैं। बस, परिश्रम ही मेरी संजीवनी बूटी है, जिससे

मैं हर रोग का इलाज कर दूँगा। मेरी कमजोरियाँ अब मेरी बाधक नहीं हैं, बल्कि मैं उन्हें देखूँगा, सोचूँगा और उनका हल निकाल कर आगे बढ़ जाऊँगा।

अब मुझे अपने आप से ही युद्ध लड़ना है और इस युद्ध में मैं ही विजेता रहूँगा।

मैं आमूलचूल परिवर्तन के लिए कमर कस कर तैयार हूँ। मैं अपने ही द्वारा बनाये हुए बंधनों से मुक्त हो गया हूँ और आजाद पक्षी की तरह खुले आसमान में विचरण कर रहा हूँ।

मैं उस चौराहे पर खड़ा हूँ, जहाँ से मुझे मेरे सपनों की मंजिल स्पष्ट दिखाई दे रही है।

मैं जानता हूँ, सपनों का यह रास्ता मुश्किल तो है, पर नामुमकिन नहीं। आसान काम तो सभी किया करते हैं, जो मुश्किल काम करें, वे ही जाँबाज कहलाते हैं। मेरा कॉम्पिटीशन अब किसी और से नहीं, अपने आप से ही है और जीवन की यह रेस मैं पूरी करूँगा।

जीवन एक साँचा है। इसमें आप अपने को जैसा ढालेंगे, वैसा ही बन जायेंगे।

जीवन का दूसरा नाम अनंत संभावनायें हैं। मेरे लिए अब अनंत संभावनाओं के द्वार खुल गये हैं।

मेरे लिए यह जीवन सिर्फ कोरा जीवन ही नहीं है, बल्कि एक मिशन बन गया है। अब मैं इस निरर्थक जीवन को सार्थक जीवन में बदल दूँगा।

मेरे पास जीवन जीने का मौका भी है और अहसास भी। अब यह यात्रा तब तक चलती रहेगी, जब तक मंजिल मिल नहीं जाती।

ये सब मेरी इच्छायें नहीं हैं, बल्कि संकल्प है, क्योंकि इच्छा तो इच्छा है, पूरी हो और न भी हो। अगर हो भी तो दूसरे के सहारे पूरी होती है, डिपेन्डेण्ट होती है, लेकिन संकल्प तो मेरा अपना है, पूरा होगा ही।

अब मैं लोहे के गर्म होने का इंतजार करने वाला नहीं हूँ, बल्कि खुद ही उसे पीट-पीट कर गर्म कर दूँगा।''

राजा के हर शब्द में उसके अंदर सुलग रही आग दिखाई दे रही थी। आँचल के पापा ने बीच में एकाध बार रोकने की कोशिश भी की, लेकिन उसका अजस्र प्रवाह देखकर हिम्मत नहीं की।

राजा के मुख से भरपूर आत्मविश्वास में ओत-प्रोत, अपने भविष्य के प्रति निश्चिंत एवं इतने बड़े ड्रीमर की बात बड़े बेबाक तरीके से सुनकर आँचल के पापा की बूढ़ी रगों में भी गर्म खून दौड़ने लगा।

उन्हें राजा की आँखों में एक विशिष्ट विश्वास, सँजोया हुआ सपना, जीत लेने का जुनून, ना बुझने वाली आग और उत्साहित उमंग के साथ-साथ कुछ कर गुजरने का नशा भी दिखाई दे रहा था।

आँचल के पापा तो पिघल कर पानी हो गये। राजा के सिर पर हाथ रखकर बिना कुछ बोले राजा की माँ से मिलने चल पड़े और राजा अपनी बात कहकर, उनका निर्णय सुने बिना ही चल दिया।

चेतन एवं प्रिया को एक विशेष प्रोजेक्ट के लिए लंबे समय के लिए विदेश जाना पड़ रहा था, परन्तु राजा से मिले बिना कैसे जा सकते थे। अतः राजा, आँचल और ललिता को चेतन ने डिनर पर बुलाया।

दो घंटे बैठे, पर दो बातें भी नहीं हुईं क्योंकि राजा का मन आज पापा के जाने के बाद पहली बार इतना भारी था।

शब्द निकल ही नहीं रहे थे। जबान हिल ही नहीं रही थी, मायूसी भी पीछा नहीं छोड़ रही थी। चेतन को भी राजा से लगाव हो गया था, परन्तु जाना तो था ही, टाला नहीं जा सकता था।

ऐसे अजीब से माहौल में खाना पूरा हुआ। दो-चार बातें चेतन ने ही ललिता और आँचल से कीं, क्योंकि राजा तो बात करने की स्थिति में ही नहीं था।

जाते वक्त आँखों-आँखों में बस अभिवादन की औपचारिकताएँ पूरी हुईं, पर जाते-जाते दरवाजे पर राजा चेतन के गले लगकर जी भर कर रोया, परन्तु बोल कुछ नहीं पाया।

चेतन की आँखें भी छलक आईं।

राजा बिलकुल अकेला हो गया था, लेकिन अब उसे नहीं पता कि दिन कब हुआ और रात कब, कब खाया और कब सो गया? उसने दुनिया की परवाह किये बिना अनंत संभावनाओं की नई दुनिया में दस्तक दे दी।

अपनी अनंत शक्तियों को समेटकर जुट गया अपने लक्ष्य की ओर।

आँखों में सपना, दिमाग में जुनून, रगों में जोश, सीने में आग, दिल में दर्द और चेहरे पर मुस्कराहट लिये उसने किसी अवसर को नहीं छोड़ा, क्योंकि वह जानता था कि ''सफलता निर्णय के बाद आती है और विलम्ब अच्छे अवसरों को दफना देता है।''

चुनौतीपूर्ण जीवन के मधुर संघर्षों के बीच राजा अपने सिद्धान्तों को दाँतों से भींच कर आगे बढ़ता गया। कभी-कभार जीवन के इन झंझावातों के बीच मायूस होता, कभी-कभार थोड़ा टूट भी जाता तो आँचल चट्टान की तरह सामने खड़ी हो जाती और राजा के कंधे पर हाथ रखकर आँखों की गहराई में झाँक कर, मुस्कराहट के साथ सिर्फ इतना ही कहती - ''आप कर सकते हो, मुझे आप पर विश्वास है'' और राजा मुसीबतों को लाँघ जाता।

चेतन के जाने के बाद राजा को तकलीफें तो बहुत आईं, उसकी कमी कौन पूरी कर सकता था, लेकिन राजा उसकी यादों के सहारे ही मंजिल चढ़ता गया।

चैप्टर 18

दिन, महीने, साल गुजरते गये। पता ही नहीं चला, वक्त कब निकल गया। चेतन लौट आया।

शादियों का सावा, वही हलचल, शाम का वक्त। आज चेतन प्रिया के साथ यूँ ही घूमने निकला है। घूमते-घूमते एक शॉपिंग मॉल में पहुँच गया।

बड़ा हल्ला-गुल्ला, शोर-शराबा हो रहा है। लोगों का झुंड देखकर अचानक चेतन ठहर गया। भीड़ किसी आदमी को घेरे खड़ी है, पर वह कौन है, पता नहीं चल पा रहा है। चेतन और प्रिया असमंजस में हैं, लोग एक-दूसरे पर झूम रहे हैं। कैमरे के फ्लैश चमक रहे हैं। समझ ही नहीं आ रहा है कि क्या हो रहा है! तभी अचानक भीड़ के बीचों-बीच से एक व्यक्ति बिजली की तरह भीड़ चीरता हुआ आया और चेतन के पैरों में झुक गया।

हड़बड़ाहट में चेतन समझ नहीं पाया। जब प्रिया और चेतन ने सहारा देकर उठाया तो घबरा गये, अचानक मुँह से सिर्फ इतना ही निकला - ''अरे राजा, तुम!''

शब्द बोने हो गये हैं, आँसुओं के लिए आँखें छोटी पड़ गई हैं,

भावनाएँ मौके की भरपाई नहीं कर पा रही हैं। कभी वे एक-दूसरे को निहारते, मन नहीं भरता तो सीने से लग जाते....आँखें तड़पतीं तो फिर जी भर कर एक-दूसरे को देखते.....फिर सीने से लग जाते.....फिर निहारते.....फिर सीने से लग जाते.....।

भीड़ की आँखें भीगी हुई हैं, जो राजा की उस नई किताब पर ऑटोग्राफ लेने उमड़ी थी, जिसमें चेतन और राजा की कहानी है।

18 चैप्टर्स पूर्ण हो गये हैं, लेकिन पुस्तक पूर्ण नहीं हुई है। यह 19वाँ चैप्टर तुम्हारा अपना है। यहाँ से अब तुम्हें अपनी कहानी शुरू करनी है, जिसका पूरी दुनिया को बेसब्री से इंतजार है.................